JN109871

ここから始まるマネーの世界

Sunflower(小学1年生)

楠山 正典 著

今、必要なものは複雑な知識ではない

マネー経済を
　　　生きるための知恵

No one will be left behind

はじめに

　この本の目的は、一般的なマネーの知識・ノウハウを伝えることではなく、君たち一人ひとりが「君のマネー哲学」を自分の力で築くことができるように、そのための思考材料を提供することにある。

　考え始めると、マネーについての疑問は、尽きることはない……。例えば、

◆ マネーを稼ぐことで、なぜ、こんなにも苦しい思いをしなければならないのか。

◆ 世の中は、なぜ、こんなにもマネーに関係するトラブルが多いのか。

◆ 将来、自分は公的年金を確実にもらえるのか。

◆ 膨れ上がり続ける赤字国債により、国は破綻しないのか。

　そこで、君たちからの、これらの疑問に向き合うために、以下のコンセプトで書き綴った。

◆ 世の中には、マネーを増やすための投資術の本があふれている。しかし、ここでは、マネーと幸福を深く関連させることにより、人としての生き方を考えることにした。

◆ いずれ、君たちは、厳しい現実の社会で生きることになるので、難しい課題についても、省くことなく探求することにした。それは、どんな困難な問題に直面しようと

も、臆することなく挑んで欲しいからだ。

◆ 君たちに「自分が望む人生」を歩んでもらいたいが故に、一律のゴールは示さず、考えるための材料を提供することに努めた。

　この本のコンテンツの中には、君たちにとって、理解の難しいところもあるにちがいない。

　しかし、激動する現代において、大人になってからの理解では遅い。今の高校生のときに、問題意識を持つだけでも、将来の展望が拓かれるはずだ。

　また、この本を通して、親子の絆を深める機会になれば、著者として、これ以上の喜びはない。

2021年4月　古希　楠山 正典

専門用語について

　この本は、少し難しい専門用語が出てきて、読みにくいにちがいない。そこで、君のために、次のような工夫をしている。

◆ できる限り専門用語の使用は避けた。

◆ たとえ難しい専門用語であっても、重要なものは、「重要！　○○　」の囲み枠で解説した。

◆ インターネットなどで調べても分かりにくい専門用語は、巻末に「用語解説」をつけた。なにごとも、自分で調べることが重要だ。そこに新しい発見がある。

　君が理解できない箇所に出会ったとき、あまり気にしないで先に進んで欲しい。

　この本の全体像が見えてきたとき、ジグソーパズルの空白が一挙に埋まるように、この本のエッセンスをマスターするにちがいない。

　いずれにしても、この本の攻略法は、興味のあるところ、解るところを徹底的に深く理解することだ。そして、地道な思索と対話を繰り返すことに尽きる。

CONTENTS

0章

君にとってマネーとは

今、君にとって、一番必要なことは……　「マネーとは何か」を問い。

そして、君の望む人生を生きるために、マネーがどのように関わるのかを明らかにすることだ。

マネーは道具にすぎないと考えると、大切なことは、君が「心から納得する人生とは、何なのか」を問い続けることだ。

また、自分の貴重な時間や健康・幸福をマネーのために犠牲にしてはいけない。

 人生の優先順位

マネー　<　時間　<　健康・幸福

---

❶ なぜ学ぶのか ………………………………………

【1：生活のため】

私たちが暮らす社会では、住むのも、食べるのも、移動するにも、欲しいモノを手に入れるのも、何をするにもマネーが必要。このように生活の基盤がマネーに依存している。

【2：夢を叶えるため】

君の夢は何かな。「世界中を旅したい」「結婚して幸せな家庭を持ちたい」「起業して、社会の役にたつ事業をした

い」「プロサッカー選手になって活躍したい」など様々だね。

　いずれにしても、君の夢を叶えるためにも、マネーが必要だ。特に先進国の中で日本は、教育費に対する国の予算が少ないので、大学の学費をどう工面するかも切実な問題だ。

【3：マネーに対する免疫力を高めるため】

　世の中には、欲望が優先するマネーの世界に魅せられて、結果的に不幸な人生を歩む人もいる。ここでは、いかなる誘惑にも屈しない、マネーに対する免疫力を高めてもらいたい。

　それなくして、これからの長い人生を生き抜くことはできない。

❷ 何を学ぶのか ··

　学ぶべきは、マネーの世界に関する複雑な知識ではない。マネーに溺れることなく、このマネー経済を生き抜くための知恵をつけることだ。その知恵こそが「マネー哲学」だ。

　学ぶべきは、金持ちになる方法ではない。マネーを上手に活用して、人生を楽しむ方法だ。なぜなら、マネーには、人生の幸・不幸を決定できる力はないからだ。

　学ぶべきは、いたずらに節約することではない。君が望む未来が必要とするマネーの量を明らかにすることだ。
　そして、深く社会の仕組みを知り、未来に挑むことができる力をつけることだ。

❸ どのように学ぶのか ···

　世の中には、投資の誘惑に飲まれて、ハイリスク・ハイリターンの商品で損をする人もいる。
　この本は、君が「マネー哲学」を築くための思考材料を提供している。あとは、自分で思索するしかない。
　なお、この本の構成は、君の理解を容易にするために、次のようになっている。

Ⅰの部	最初に「マネーの基礎」を学ぶ。ここでの内容は、おもしろくないかもしれない。しかし、ここで、全体的なイメージをつかめば、その後の理解が容易になる。また、基礎でもあるので、しっかり押さえて欲しい。
Ⅱの部	マネーに対する行動パターン、即ち「稼ぐ」「使う」などを中心に「マネーと個人」の関係を理解する。また、マネーと幸福の関係も深く探求する。
Ⅲの部	君たち誰もが、人生の途上において様々なライフイベントに遭遇する。そこで、サーフィンを楽しむように、それを乗り越えるための術を、ライフステージに合わせて考える。
Ⅳの部	最後に、「マネーと社会」の関係をより深く理解する。それは、君たちが、社会の一構成員で、この現実の社会からの影響を逃れることはできないからだ。

Ⅰの部

マネーの基礎

ここでは、マネーの働きやその本質を理解することが目的だが、マネーが社会でどのように循環しているかを理解することから始まる。

　そして、現金は、誰が、どのようにして造るのかを明らかにする。

　また、プリペイドカード、デビットカード、スマホ決済サービスなどの決済手段としてのマネーの役割を広く理解する。

　さらに、マネー循環の要としての銀行の役割を考える。

　一方、君たちは、税金を納付することの対価として、様々な行政サービスを受けている。そこで、「税金によるサービスの仕組み」も考えよう。

1章

登場人物などの紹介

この章では、この本の「登場人物」と「マネーの３つの働き」を紹介する。

　登場人物とは「マネーを表現する用語」と「マネーを使う人物（法人を含む）」のことだ。

注）＊の付いた用語については、巻末で用語解説している。

❶ マネーを表現する用語 ……………………………………

　この本の中心、それはマネーだ。そこで、最初に、「マネーを表現する用語」を整理する。

　これ以外にも、様々な用語があるが、混乱を避けるため、この本では、次の一覧表に従うことにする。

種　類	英　語	内　容
硬貨	コイン	10円玉　100円玉など
日本銀行券 （紙幣／お札）	ビル	千円札　１万円札など
現金（貨幣）	キャッシュ	硬貨と紙幣
通貨（お金）	マネー	現金と流動性預金

注１）お札のことを「日本銀行券」と云うのは、それは、政府ではなく、日本銀行が発行しているからだ。
　２）流動性預金とは、普通預金と当座預金を指す。

❷ マネーを使う人物 ···

　この本の中では、マネーを使う人物が、様々な名称で登場する。そこで、主な登場人物の紹介から始める。

部門	人物の名称	摘　要
公共	政府　日本銀行 独立行政法人 地方自治体	県、市町村、地方公共団体は、地方自治体で統一した。
家計	国民　消費者 労働者　従業員	
民間	企業　生産者　NPO法人 会社　銀行　保険会社	銀行は、市中銀行とも呼ばれる。

❸ マネーの３つの働き ·······································

　君たちが行う経済活動の目的は「モノを買ったり、サービスを受けたりすること」だが、そこでは必ず「マネーとの交換」が行われている。その生産、流通、消費活動が、円滑に行われるようにしているのが「マネーの働き」だ。その意味で、マネーは、経済の血液と呼ばれている。その働きは、次の３つに分類される。

【1：どんなモノとも交換可能】

　私たちの日常生活において、様々な場所で、どんな種類のモノであれ、サービスであれ「日本円」という一つの通貨で、それらと交換ができる。

　また、現金の鋳造素材は、かつては、金や銀であったが、中央政府が現金の造幣権を持つようになると「紙」に進化した。なお、中央政府が財政破綻すれば、現金は、ただの紙クズになることもある。

　友情などの価格をつけることができないモノを除き、米国ドルなどの外国通貨さえも「日本円」で買うことができる。
　いずれにしても、モノやサービスがスムーズに流通できるのは、どんなモノとも交換可能なマネーの存在があるからだ。

　そして、すべての経済活動は、キャッシュで始まり、キャッシュで終わる。

【2：モノの価値のモノサシ】

　肉を売買するためには、重さの単位である「kg」が必要なように、取引するモノには、その価値を計る共通の尺度（モノサシ）が必要。「円」は、日本における、その「通貨の単位」だ。

【3：財産としての価値保存】

　もしも、マネーに相当するものが、お米のようなモノであったら、品質の劣化が起こる。そして、保管する場所にも困るだけでなく、移動も大変だ。

　しかし、現金は、多少くたびれても、「現金の価値」は変化しない。銀行に預けようが、金庫に保管しようが、持ち続けていれば、その価値は、そのまま蓄えられる。

　ところが、一番安全な場所と云われる銀行口座も、ハッカーなどに狙われる時代だ。

　そこで、社会全体としてのセキュリティレベルの向上も重要だが、それ以上に、危険なサイトにはアクセスしない、安易に個人が特定される情報を開示しないなど、個人としてのセキュリティ対策の重要性が増している。

2章

マネーの循環

この章では、マクロ的視点から、マネーの循環を理解する。

　そして、経済活動を行う人物を、家計、企業、政府に分類整理して考える。

　さらに、私たちを取り巻く市場には、モノ・サービスを取引する市場（実物経済）のほか、マネーを商品とみなして取引する市場（金融経済）があることも合わせて理解する。

マクロとミクロ

　君たちが生きている世界には、肉眼では見えない細胞やウイルスなどの「微小な世界」がある。

　一方、肉眼では把握できない地球や宇宙などの「巨大なものの世界」がある。

　目の前の問題を分析する力が「ミクロの眼」、巨視的に単純化して、大きな世界を把握する力が「マクロの眼」。

　ミクロの眼もマクロの眼も見ている視点が違うだけで、見ているものは同じだ。

　そして、多くの困難な問題を多様な視点で見ることにより、解決されることも少なくない。

　君たち一人ひとりが、「思いやりの眼」をもてば、世界は劇的に変化するかもしれない。

❶ 実物経済におけるマネー循環 ························

　マネーは、モノ・サービスの流れと反対に流れる。そして、その2つの流れは、見事に循環している。

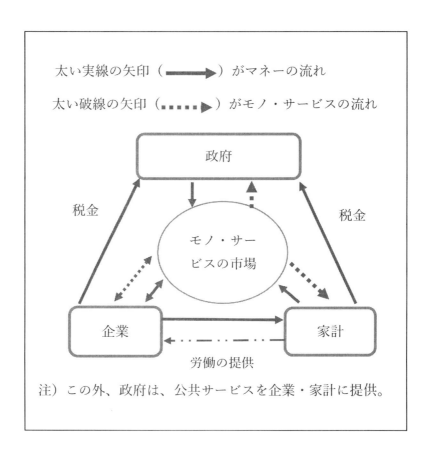

　調べると「マネーが世界を回る」との英語表現は「Money is a great traveler in the world」だった。

　どこの国でもモノ・サービスが広く国民にいきわたるためには、マネーの好循環が不可欠となる。

　家計を支える労働者は、同時に消費者だ。その労働者にマネーを渡さなければ、企業の売上は伸びない。そして、資本主義下での企業は、売上が得られなければ倒産するしかない。

　また、売上や利益の落ち込みをカバーするために、人件費をコストと考えて、それを低く抑えれば、さらに、売上が減少するという悪循環に陥る。

　この現象は、ミクロ的には、企業の利益を守るが、マクロ的には、景気の足を引っ張ることになりかねない。

　政府としては、マクロ的視点に立ち、企業の利益を守ることも大切だが、国民の所得を増やすための政策を実行する必要がある。

　いずれにしても、経済の世界では、強いグループが弱いグループの経済的な底上げに努めなければ、いずれ、強いグループも景気後退の大波に溺れる。それが、経済・マネー循環の原則だから。

❷ 金融経済のパワー ……………………………………

　これまで、私たちの日常生活では、マネーがなくてはならない存在であることを説明してきた。それは、あくまでも、実物経済におけるマネーの働きであった。

　これ以外にも、マネーには、金融経済での姿もある。その金融経済とは、生活のためにマネーを使うのではなく、「マネーを増やすことが目的で、マネーそのものを商品とみなして、売買をするときのマネーのやりとり」のこと。

　例えば、株式などの金融商品や住む予定もない不動産などに投資する経済活動だ。

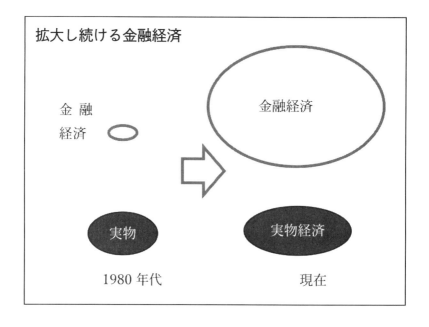

　1980年代までは、マネーのやりとりの大部分を実物経済が占めていた。しかし、現在では、この関係が逆転してしまい、金融経済が世界のマネーの流れの9割以上を占めているようだ。

　今や、インターネット、AI、金融工学などを駆使した貪欲な巨大マネーが、その増殖を求めて、すごい勢いで世界をめぐっている。

　金融経済の規模が実物経済の規模をはるかに上回った結果、私たちの経済生活（実物経済）が歪められていると指摘する人もいる。

3章

現金は誰が造るのか

現金には、硬貨と紙幣の２種類があり、硬貨は政府が発行し、紙幣は日本銀行が発行する。そのため紙幣は「日本銀行券」とも呼ばれる。

　紙幣については、政府が勝手に発行できないように、日本銀行が発行している。そして、この仕組みが機能するためにも、日銀と政府との間で独立性を保つことが重要となる。

❶ 硬貨の発行 ……………………………………………………

　硬貨は政府の管理の下、独立行政法人造幣局が製造。

　なお、硬貨の製造コストは、公表されていない。

　ネットで調べると、製造コストが次のように推測されている。

主な硬貨	1枚当たりのコスト
1円玉	3円
10円玉	13円
100円玉	15円

　１円玉や10円玉では赤字だが、全体として、政府は、硬貨の発行により利益を出していることが読み取れる。

　この硬貨発行に伴う利益は「通貨発行益」と呼ばれ、政府

の儲けとして扱われる。

　一方、日銀が発行する紙幣については、硬貨のような発行益は発生しない仕組みとなっている。

　なお、日銀が所有する国債などから生じる利息収入のことを「通貨発行益」と云っている。

　とても、理解しづらくなっているので注意する。

❷ 紙幣の発行 ·····································

　紙幣即ち「日本銀行券」の印刷は、日銀による管理の下、独立行政法人国立印刷局が行っている。

　紙幣の製造コストも公表されていないが、ネットでは、日本銀行の決算書から、1万円札、5千円札、千円札とも、1枚17円と推測されていた。

　硬貨に比べれば、紙幣の原価は額面に対して極めて低い割合となっている。

　そこで、通貨発行に伴う利益について、紙幣の場合を確認する。

❸ 発行銀行券について ……………………………………

　君が商店主として、1万円分の商品券を印刷したとする。この時点では、ただの紙切れだが、これを客に発行して1万円の現金をゲットしたとき、将来、いつでも、商品との交換に応じる義務も同時に発生する。

　このとき、会計の世界では、負債の部に「商品券発行残高」などの勘定科目で債務を計上する。

　そして、日銀では、通貨発行時に、現金と云う資産と「発行銀行券」と云う負債が同額で計上される。

　なお、政府が赤字国債の発行制限を外し、日銀が国債保有の禁止規定も守らなければ、政府は、国債と「日銀が発行する紙幣」との交換により、いくらでも紙幣を入手することができてしまう。

　そうなると、中世の封建領主時代の通貨発行権の乱用と同じではないかと危惧する人もいる。

　ところで、日本での紙幣の流通量は、どのくらいだろうか。そこで、日銀のバランスシート（2019年3月現在）を確認すると、負債の部に、「発行銀行券」として、110兆円が計上されていた。

　日銀に電話で確認すると、この110兆円が紙幣の流通量だということが分かった。

重要！ 　発行銀行券

　日銀の発行する銀行券は、旧制度の下では、金や銀との交換が保証された兌換銀行券だった。

　そこで、日銀は、銀行券の保有者からの金や銀への交換依頼に、いつでも対応できるよう、銀行券発行高に相当する金や銀の準備として、その保有が義務つけられていた。

　このため、日銀は、「金や銀」をバランスシートの資産に計上し、「発行した銀行券」を負債として計上した。

　その後、金や銀の保有義務は撤廃されたが、銀行券の信用を保証するために、現在も、「発行銀行券」という名称の勘定科目で、負債として計上している。

注）日銀のWebサイトから要約

4章

決済手段としてのマネー

商品などの購入代金の決済方法は、手許現金で支払うか、銀行口座を利用するか、のどちらかとなる。

　ここで、その決済手段の方法を分類すると、次のようになる。

区　分	種　目	摘　要
おサイフ型	現金	硬貨と紙幣
	プリペイドの電子マネー	Suica、スマホ決済サービスなど
銀行口座の利用型	送金サービス	銀行振り込み、口座振替
	口座決済	クレジットカードやデビットカードなど

注）仮想通貨は、国が管理する法定通貨でないので含めていない。

❶ おサイフ型 ……………………………………………………

　この型は、「紙幣と硬貨からなる現金」と「プリペイドの電子マネー」だ。キャシュー・レスへの流れの中でも、現金は最もシンプルな決済手段としての人気がある。そして、現金と電子マネーの違いは、そのサイフが革でできているか、プラスチックカードなどでできているかの違いにすぎない。電子マネーは、面倒な小銭の計算が不要なので高齢者にはありがたい。

また、クレジットカードとの一体型の電子マネー（Suica）では、電子マネーへのチャージを自動的にやってくれるので、残高管理の手間が省けて便利だ。

❷ スマホ決済サービスとは、どんな仕組み …………

手持ちのスマホ内に電子サイフがあると考えて、あらかじめ残高を入れておき、お店でアプリを起動してQRコードを読み取って決済する。電子サイフの残高は、銀行口座から補充する。

この決済サービスで、最低限、必要なものは、次の3点だ。

◆ スマホ決済サービス会社の提供するシステム（アプリ）

◆ 客側は、スマホ

◆ 店側は、QRコード

なお、この方式ならば富士山の頂上でも、電波がつながればスマホ決済が可能となる。

❸ 銀行口座の利用型 ·······································

　手許現金での決済には、安全性などに問題がある。そこ
で、銀行口座の決済機能とインターネットを連携させた
様々な支払手段が登場している。

　なお、預金口座で決済される主なものは次の通り。

種　類	摘　要
銀行振り込み	相手の銀行口座へ現金を振り込むサービス
口座振替	税金や電気料金などの自動引落をするサービス
クレジットカード	クレジット会社に立替払いをしてもらい、約1ヶ月半後に定められた引落日で決済される。
デビットカード	商品購入時に、デビットカードの銀行口座から引き落とされる。

❹ CASH ONLY ···

　馴染(なじ)みの食品スーパーでは、「支払は、現金のみ」となっている。それは、１円でも安く売るための努力をしているお店にとって、クレジット会社やスマホ決済サービス会社への支払手数料が負担のようだ。

　利用者にとって便利なサービスには、それなりのコストがかかる。それを負担しているのは加盟店（お店のこと）の方だ。

　そのため、お店の中にはクレジットカードやスマホ決済などを受けつけないところもある。そして、それを不便とは言わず、そういうお店を支援する人もいる。

❺ 地域型の仮想通貨 ·······································

　話は変わるが、発展途上国では、日本のように身近に銀行がない。あっても、多くの貧困層は、口座を開設できない。彼らにとって仮想通貨は、スマホなどのネット環境があれば手軽に利用できる。

　将来、運営負担や電力消費量の少ない「地域型の仮想通貨」が生まれる可能性がある。
　利用者は、特定のコミュニティに限定されるので、その取引データからコミュニティの状況を可視化できる。

　しかし、次のような問題がある。

◆ ビットコインなどは、値動きが激しすぎて、決済手段としては不向き。
◆ 数秒で済んでいた仮想通貨取引の認証時間が、数時間になることさえもある。
◆ 取引を自動監視するために、多くのコンピュータが大量の電力を消費している。

5章

マネーの本質

マネーが発明されたことで、今日のように経済が円滑に機能し、社会が発展してきた。

　マネーの本質　……　それは、信用だ。君たちが使っている「円」は、日本政府の信用に基づいている。

❶ 高額紙幣が紙クズに ……………………………………

　君たちの中には、テレビで、たくさんの紙幣を一輪車に積んで、買い物に行く市民の姿を見た人もいるかもしれない。

　それは、ジンバブエという国で、経済政策の失敗により財政難に陥った政府は、マネーがなければ作ればいいとの発想で高額紙幣を印刷し続ける……。

　その結果、物資不足、食糧不足などの中で、ただひたすら物の値段は上がり続け　……　お店では、その日のうちに値段が何度も変更され　……　ついには、高額紙幣が紙クズ同然となった。

　日本も対岸の火事ではない。日本は世界一の借金大国。その膨張が止まらない赤字国債の累増。

　新型コロナで混乱している中で、超大規模な自然災害がこれに加われば、生産・流通機能がマヒする。

　そんな中、大量の給付金が分配されれば、ジンバブエの悲劇が起こる可能性がないとは云えない。

❷ 将来、貨幣は必要か ……………………………

　この便利な本格的な貨幣が普及する遥か前には、帳簿に
「貸し借り」を記録していた。例えば、「お米を１俵借りまし
た」「稲刈りを３日分手伝いました」など。

　このような貸し借りの記録がマネーの概念を生んだと考
える人もいる。

　そうであれば、信用のできる「精算機能をもつ債権債務
管理システム」さえあれば、貨幣は要らない。

　また、新しいマネーである仮想通貨もインターネット上
のデジタル帳簿がマネーの役割を担っている。

　今、キャッシュレスの流れの中で、貨幣（硬貨・紙幣）の
役割が終わりに近づいているのかもしれない。

6章

銀行の役割

マネーの流れがスムーズに循環しているのは、それを支える銀行制度の存在があるからだ。この制度は、ほぼ世界共通で、政府の機関である中央銀行（日本銀行）と民間の市中銀行からなっている。

　これまで、実物経済におけるマネーの循環が、いかに重要であるかを学んだ。

　もし、このマネーの流れがストップしてしまうと、経済活動もストップしてしまうだろう。まさに、銀行は、経済活動を行う家計、企業、政府に、「マネーという血液」を送り込む心臓のような役割を果たしている。

 銀行とは

　「預金」を取り扱う金融機関（インターネット銀行を含む）が銀行で、それ以外は「その他の金融機関」となる。

　その他の金融機関は、証券会社、保険会社、ノンバンク（消費者金融、クレジットカード会社など）がある。

❶ 銀行の三大業務 ……………………………………

マネー循環の要として、銀行が担う役割は、次の通りだ。

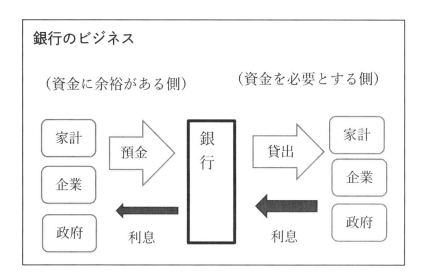

銀行のビジネス

（資金に余裕がある側）　　（資金を必要とする側）

【1：お金を安全に保管、管理する】

　銀行は、個人や企業から預金として、お金を預かり、預かったお金は、安全に保管・管理される。預金する側は火災、盗難などのリスクを回避できる。

　それ以外にも、国民に対して「預金という利殖商品を提供する役割」もあるが、今、超低金利のため、その役割は機能していない。

【2：お金を貸し出す機能】

　銀行に預けられた預金は、お金を必要とする個人や企業、

国・地方自治体に貸し出される。

　そして、お金を借りた個人・企業などは、銀行に対して利息を支払う。この貸出利息が銀行の主要な収益源となる。

【3：お金を決済する機能】

　銀行は、相手の銀行口座へ現金を振り込むサービスや、公共料金、クレジットカードの利用代金などの自動引落の「口座振替」を行なっている。

　この結果、預金者は、支払いや受取りに伴う時間や労力、現金の運搬によるリスクを回避することができる。

　つまり、銀行は、これらの「お金を決済する手段」を提供することによって、経済活動のためのマネー循環を支えている。このときの手数料も銀行の収益源となる。

❷ 日本銀行の役割 ……………………………………

　日本銀行は、国の中央銀行として、日本の経済や、市中銀行などの金融機関の健全な運営を見守る役割がある。その主な役割は次の通り。

【1：紙幣を発行する銀行】

　日本銀行は、日本で、紙幣を発行できる唯一の銀行。そのため紙幣には「日本銀行券」と書かれている（3章で詳述済み）。

【2：政府の銀行】

政府は、日本銀行に口座を開設して、税金などの歳入や公共事業、公務員給料、年金などの歳出を行っている。

【3：銀行の銀行】

すべての市中銀行は、日本銀行に預金口座を開設している。日本銀行は、市中銀行から、お金の一部を預かったり、お金を貸し出したりする。

また、市中銀行は、金融機関間のオンライン決済に「日銀ネット」を利用している。

例えば、誰かがA銀行からB銀行にお金を送金する場合、全国銀行データ通信システムを通じて、日銀ネットにデータ送信されると、最終的には、日本銀行にある各銀行の口座間で振替が行われる。

❸ 預金保険制度 ···

　政府と銀行により設立された預金保険機構が、銀行が破綻した場合でも、預金者の保護と資金決済の確保により、信用秩序の維持を図っている。

区分	決済用預金	それ以外の預金
預金の種類	当座預金 利息の付かない普通預金	定期預金 通常の普通預金
保護の内容	預金の全額が保護される。	破綻した銀行の財産の状況に応じて支払われるため、一部カットされることがある。但し、一つの銀行ごとに、一定限度（元本1,000万円までと破綻日までの利息）は、必ず保護される。

　そして、この「利息の付かない普通預金」を利用すれば、預金を複数の銀行に分散する必要はない。なお、この決済用の普通預金は、誰でも簡単な手続で利用できる。

　また、預金者が破綻した銀行に借入金がある場合、預金債権と借入金債務を相殺することができる。しかし、この手続を申請しないと、借入金は、そのまま残り、預金の方

だけがカットされる。

　なお、外貨預金、他人名義預金などは、この制度の対象外であるので、一切保護されない。

7章

税金の役割

私たちの生活は、国や地方自治体からの様々な行政サービスにより成り立っている。

　例えば、市役所・公民館の利用、市立小中学校、公園、図書館、道路、交番、ごみ処理施設など。
　もし、これらのサービスを民間に提供してもらったら、利用料が発生する。

　提供者が誰であろうと、どんなサービスであっても、必ずコストが発生する。無料のものはないはずだ。

　市民は、これらのサービスに対する対価を、税金として間接的に支払っているのだ。

　もし、「税金によるサービスの仕組み」がなかったら、これらの行政サービスは、料金を払って民間会社に頼むことになる。

　そして、どんな行政サービスを提供するか、すなわち、税金の使い道は、市長が予算案を作成し、議会で議員と話し合って決める。

❶ 税金によるサービスの仕組み ·······················

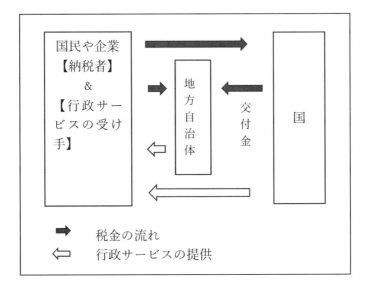

　地方自治体は、国庫支出金や地方交付金などの名目で国からもらう収入に大きく依存している。

　しかし、この図から解るように税源は、最終的には、すべて、君たち国民が負担している。

❷ 有料の行政サービス ·······························

　公立学校の授業料やごみの回収料などは、無料だが、水道料金や住民票の発行手数料などは有料だ。

　では、なぜ、地方自治体は、有料サービスを採用してい

るのか。

　例えば、水道料が無料サービスとなると、大切な水資源
をムダに使う人が現れるかもしれない。
　また、住民票などのように利用する人が限られていて、料
金を簡単に計算できるものは有料にした方が公平かもしれ
ない。
　なお、このように、サービスの効率化と負担の公平のた
めの有料サービスを「受益者負担」と云う。

　いずれにしても、どんな小さな行政サービスにも、税金が
使われている。そして、これらの行政サービスが多い方が市
民の満足度は向上すると勘違いしている人も少なくない。

　そして、住民が過剰なサービスを要求したり、市長や議
員が住民の反対を恐れて必要性が薄れた不要なサービスを
削減できなければ、新たな事業への税金の投入ができなく
なる。

❸ 地方自治を元気にする ······························

　増え続ける多様な行政サービスに対応して、住民への
サービスを充実させていくためには、財源問題を含めて中
央集権的なシステムを見直すことが求められている。

重要! 　3割自治

　日本の地方自治の弱さを表現する言葉。憲法で「地方自治の保障」を明確に規定しているにもかかわらず現実には中央集権的なシステムの中で地方自治体の権限や財源は、極めて弱い立場にある。

　それは，地方自治体の歳入に占める自主財源の割合が十分でないことを示している。

　さらには、中央・地方関係における行政指導や幹部派遣人事、許認可、補助金による統制といった目に見えない部分も含めて考える必要もある。

【1：基礎自治体が主役】

　市民生活をサポートする地方自治において、中央集権的なシステムでは、市民の要請に対応できない、かつ、市民サービスの効率化にも不向きだ。

　そこで、基礎自治体が主役となれば、以下の効果も期待できる。

◆ 国による画一的なサービスとは異なり、多様性が確保できる。

◆ 時代の変化に対応して、タイムリーなサービスの提供が可能となる。

◆ 住民との距離が近いので、時間とコストの省力化が実現できる。

【2：行政サービスの向上は市民参加】

　市民の中には、多彩な才能・経験を持った人材がいる。彼らの政治参加を進めて、市民の声が反映されるシステムにすれば、行政サービスの質の向上が期待できる。そのためには、次のことが必要となる。

◆ 複雑になりすぎた行政手続などをシンプルにして、市民の理解を容易にする。

◆ 透明性を確保できれば、あらゆる課題を深く議論できるので、確実に行政改革が進む。

◆ 同じ考えの人が100人集まっても「文殊の知恵」とはならない、自分たちとは、異なる発想を持った市民の参加者を受け入れることだ。

◆ ムダ・過剰なサービスを要求する利己的な市民が少なくなること。それは、自分たちの税金の使い道について、関心を持つことから始まる。

Ⅰの部　完了

Ⅱの部

マネーと個人

マネーと個人の関係で、一番大事なのが、マネーの使い方だ。

　マネーは、生活を豊かにするためのもので、使うためにある。決して、貯めるためにあるものではない。

　この II の部では、まず「マネーの使い方」を学び、次に、マネーの稼ぎ方、そして、マネーの管理の仕方を学んでいく。そして、人生の途上において、様々な金銭トラブルに巻き込まれる危険性もあるので、トラブル対策も考える。

　そして、今の安定した生活を続けるためだけでなく、君の夢を実現するために、「何のために働くのか」「仕事と幸福をどう結びつけるか」などを深く掘り下げることにする。

　また、起業（新しく事業を起こすこと）を考えている人のために「おまけの章　複式簿記」を書き加えた。

1章

マネーの使い方

どんなに収入があっても、マネーの使い方がずさんであれば、マネーに困ることになる（下図）。

　一定の収入のある人でも、「給料が減らされたら」「職を失（う）しなったら」どうなるかを考えると、収入への不安は尽きない。

　また「もし、病気になったら……」「自然災害にあって家を失ったら……」などを考えると、今の貯えで乗り越えることができるか不安となる。

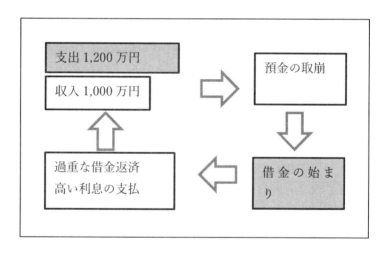

　しかし、こんなことに悩んでいたら、人生は楽しくなく、仕事にも精が出ない。この「お金への不安」から脱却するために「どうするか」が重要だ。

❶ 金銭感覚から見た人間のタイプ ‥‥‥‥‥‥‥‥

　金銭感覚は、一人ひとり異なり、千差万別だが、ここで
は、金銭感覚を３つのタイプに分類してみた。

◆ お金を上手に活用して人生を楽しんでいる人。
◆ お金に魅せられて、お金中心の人生となっている人。
◆ 欲望や見栄のために、いつも、お金が足りないと嘆いて
　 いる人。

【１：お金の使い方が上手な人】
　お金を上手に活用して人生を楽しんでいる人には、共通
点がある。例えば、次の４つだ。
◆ お金以外の点でも満足している
◆ すべての面でバランス感覚がある
◆ 欲望に負けない
◆ 不安を乗り越えるための哲学がある

　１つ目。今の生活に満足しているか否かは、マネーの量
に比例しない。高収入でも、お金に悩まされている家庭も
あるし、低所得でも満たされた生活を楽しんでいる家庭も
ある。その違いは、生きがい、健康、家族の愛情など、お
金以外の満足度が影響している。

２つ目。バランス感覚は、人生のすべての局面で重要だが、次の３つの習慣を勧める。

◆ 収入に見合った生活水準にするために「収入と支出とのバランス」を守ること

◆ 全体としての満足度を向上させるために、「メリハリのある支出」に徹すること

◆ 支出に対して「費用対効果分析」を習慣づけること

　なお、ワークライフバランスについては、「４章　マネーをどう稼ぐか」に詳しく記載する。

　３つ目。人間は、欲望に燃えて生きている。この世界を動かしているのも欲望だ。欲望は抑えるものではなく、活用するものだ。希望も願望も欲望も、本質的な違いはない。要は、利己的な欲望に翻弄され、虚しい生活をするか、大いなる欲望に燃えて、実りある人生を生きるか、それが問題なのだ。

　４つ目。世界の中で、日本人の貯蓄志向は、高いと云われている。それは、将来に対する不安があるからだ。一見、社会保障制度は整っているように見えるが、公的年金や公的医療保険なども大きな課題を抱えている。

　そこで、この不透明な時代を生き抜くためには、不安に翻弄されないための確かなマネー哲学を持つ必要がある。

【2：お金中心の人】

　お金中心の人の中には、生活を切り詰めて、ひたすら小銭を貯めている人と、どんなに長生きしても使い切れないほどの財産があるにもかかわらず、さらに財産を増やそうとする人などがいる。

　いずれにしても、お金の魔性に魅入られた人は、どんなにお金があっても、お金への欲望は満たされることはない。

【3：欲望や見栄に生きる人】

　自尊心と虚栄心は違う。自分を自分以上に見せようとするのが虚栄心だ。それは、他人より勝りたいとの競争心の現れかもしれないが、本質的には、自分に自信がないからだ。もしも、自分に自信があれば、見栄のために、今の生活を粉飾する必要はない。

　つまり、見栄のためにマネーを使うことほど、ムダなことはない。

❷ マネーを使うとは、隣人の生活を守ること ……

　その地域で生産されたものを、その地域の住民が消費することを地産地消と云う。

　例えば、そこの住民たちが「少し高いから」との理由で、そこで生産されたモノを消費しなくなったらどうなるか。

農家などの生産者や商店などは、仕事を失い、廃業するだろう。

つまり、モノを買うということは、隣人の生活を守ることであり、地域の生活基盤を持続可能にすることにほかならない。

そして、音楽祭やお祭りなどの文化的な結び付きだけでなく、介護や教育、そして経済活動を含めて、地域社会は、皆で支え合って成り立っている。

今、グローバル化の流れの中で、現代人は、できるだけ安く買うことに専念しすぎて、価格破壊により不景気を助長して、自分の首を絞めているのかもしれない。

❸ マネーの使い方のスキル ……………………………

「マネーの使い方」をスキルアップするためには、支出をどのような視点で分類するかが重要となる。ここでは、費目軸、時間軸、満足度の３つの軸から分析する。

【１：費目軸】
費目軸は、会計の世界で、広く使われている標準的な分類基準だ。

それは、通常費用、特別費用、損失の３つに大別される。

『通常費用』とは、日常的に発生する生活費が、それに相当する。主な生活費を列挙すると、次のようになる。

分　類	費　目
税金	所得税（国）　住民税（県や市）
社会保険料	公的年金保険料　健康保険料　介護保険料 雇用保険料
衣食住	食費　衣料費　家賃 固定資産税　住宅ローンなど
健康	美容費　医療費　サプリメント　ジム利用料
通信	スマホやパソコンなどの利用料
教育	子どもにかかる教育費・習い事費、自己研鑽のための本代やセミナー受講料
交際・娯楽	冠婚葬祭、友人との会食、レジャー費など
保険	生命保険　火災保険　自動車保険

生活スタイルは、個々に異なるので、実際の費目は、君が管理しやすいように設定する。

『特別費用』とは、旅行費用や結婚式への参加費用などで、あらかじめ見積もることのできるケースと、突然発生するものとに分かれる。友達からの結婚式の招待が短期間

に重なると家計がひっ迫することもある。

　『損失』とは、ロス (loss) と云われ、何の貢献もしていない支出。

　例えば、退職金を投資運用して、その失敗により多額な損失を出した。

　また、今、話題となっている「ドコモ口座」を利用した銀行口座からの不正引出による被害…など。世の中には、損失の発生するリスクがあふれている。そこで、これらの被害に巻き込まれないためには「マネーの知識」以上に「マネーの哲学」が重要となる。

【2：時間軸】

　現在は、10万円程度のお金なら、まちの貸金業者から直ぐに借りられる。私が子どもの頃、1960年代では、そもそも他人から、お金を借りるという発想がなかった。

　では、高額商品は、どのような方法で購入していたのか。それは、月賦と云われる分割払いであった。

月賦販売

　31,500円の家具を購入するケース

　初回に4,500円（注）を支払い、2回目以降が3,000円の支払いで、全部で10回の分割払いとなる。

　購入者は、毎月一定日に、お店に現金を支払いに行く。

注）4,500 ＝ 31,500 － 3,000 × 9

　この月賦販売では、5,000万円もする高額な住宅を購入することはできない。それを可能としたのが、住宅ローンだ。

　それは、将来の収入を担保に、銀行を介して、住宅購入資金を調達できる仕組みだ。

　たとえ、今、現金がなくても、将来確実に収入が見込めるならば、多額な資金の調達が可能となった。それは、収入と支出のバランスを長期的な視点で考えるようになったことによる。そして、景気変動の荒波に翻弄されないためにも、この長期的な視点を忘れないことが重要。

【3：満足度】

　人生の目的は幸せになること。お金は、それを支援するための一つの手段であり、目的ではない。

　そこで、お金の支出に対する満足度をいかに高めるかが大切となる。満足度の観点から支出を分類すると次のようになる。

◆　生活のための基礎的な支出

◆　生活をエンジョイするための支出

◆　自分を磨くための支出

　これらの３つの支出は、どれ一つ欠いても満足度を上げることができない。

　この「３つの支出のバランス」がとれたとき、収入の増加、自己の充実及び満足度UPが実現する。

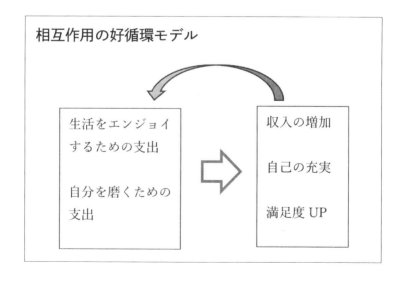

相互作用の好循環モデル

生活をエンジョイするための支出

自分を磨くための支出

収入の増加

自己の充実

満足度 UP

2章

借金は貧困の罠

子どもの頃、「ウソは泥棒の始まり」との言葉をよく耳にした。

　今は、「借金は貧困の始まり」との、ため息が聞こえるような気がする。

❶ 貧困の罠 ┈┈┈┈┈┈┈┈┈┈┈┈┈┈┈┈┈┈┈┈┈┈┈┈┈

　家計運営のまずさは、お金の不足に現れる。お金が足りないからと急場しのぎの借金をしだすと、それが貧困の始まりになりかねない。

　お金に困っている状況で、高い利息を払い続けさせられれば、借金が雪だるま式に増えていくのは明らかだ。これを「貧困の罠」という。

　君にお金を貸してくれる人は、善意でしているのではない。君から高い利息を取り続けることが目的だ。だから、ひとたび、落ちると「蟻地獄」のように抜け出せない。

　お金に困っているときは、心身ともに落ち込んでいることが多いので、冷静な判断ができない。信頼できる友人に相談すると共に、一晩ぐっすり寝てから考えても遅くはない。

❷ 自己破産の弱点 ·······································

　借金の返済が滞ると、あんなに親切だった貸金業者が毎晩のように催促するようになり、職場までにも催促の電話が来るようになる。そして、仕事に集中できないだけでなく、体調を崩し、「うつ」になる人もいるほどの苦しみが続く。

　このような人のために、経済生活を再スタートさせるための救済制度が「自己破産」だ。

　質素な生活をしている人にとって、自己破産しても、それほど変わらない生活が可能だ。なぜなら、法律で、通常生活に必要な家具、家電、食器、衣服などは、ほとんどそのまま使い続けることができるからだ。

　本当に困っている人は、ためらわずに利用すべきかもしれない。

　しかし、自己破産には、デメリットもある。

　それは、信用情報機関の「ブラックリストにのる」こと。

　その結果、クレジットカードは利用できない。それに加え、ローンも組むことができない。

　しかし、最大の難所は、親切に連帯保証人となってくれた人の存在だ。

連帯保証人と保証人の違い

　保証人とは、債務者が金銭を返済しない場合に、債務者に代わって、借金を返済することを約束した人。

　そして、保証人には、自分を守るために、下記の権利が認められている。

　その１：貸金業者から借金返済の請求を受けたとき、「自分より、まず、債務者に請求してほしい」と主張できる権利。

　その２：「自分より債務者の財産を先に差し押さえるように」と主張できる権利。

　連帯保証人とは、上記の権利が一切、認められていない人。それが、「連帯」の意味だ。

　連帯保証人は、あたかも自分が作った借金のように、ほぼ無条件に、その全額を返済しなければならない。

　さらには、連帯保証人が連鎖自己破産するケースもあり、経済的ダメージだけでなく、家族崩壊につながることもある。

　現実の社会では、奨学金の申請、病院への入院など、連

帯保証人を必要とするケースがあまりにも多い。

　そこで、連帯保証人を依頼する場合も、引き受ける場合も、全体的なリスクを理解した上で行うべきだ。

❸ 無審査融資ほど怖いものはない ……………………

　高い金利でも、お金を借りたい人は、相当お金に困っている人で、当然、返済能力はない。そんな貧困者を対象とする貸金ビジネスが、なぜ成り立つのか。

　結論から言えば、貸倒れ発生率が20％（5人に1人が貸金を返してくれない）であったとしても、高い金利を取ることにより、多額の利益を絞り取る仕組みとなっているからだ。

　返済能力を考慮しない「無審査融資」では、高い利息を絞り取れるだけ取ることが目的なので、免許証、勤め先、実家などの情報は、提供させられる。

ここで、貸金業者の立場から、事業損益を計算してみよう。

融資の条件

　1人当たり10万円を1,000人に1年間、貸し出す。

返済は、毎月末の分割払とする。

利息は、毎月末に支払うこと。

貸倒れ発生率は、20％で、その発生分布は、12ケ月間にわたり平均的に発生すると仮定。

　貸出金利が10％、20％、40％のケースを比較する。

（単位：万円）

項目 ＼ 金利	10%の ケース	20%の ケース	40%の ケース
収益 　受取利息	900	1,800	3,600
費用 　貸倒れ損失 　その他 合計	1,000 300 1,300	1,000 300 1,300	1,000 300 1,300
差引利益	▲ 400	500	2,300

　注）計算根拠：貸出金利が10％のケースを以下に示す。

【受取利息の計算】

$$10万円 × 800人 × 10\% = 800万円$$
$$10万円 × 200人 × 10\% × 2分の1 = 100万円$$
$$合計で900万円$$

【貸倒れ損失の計算】

$$10万円 × 200人 × 2分の1 = 1,000万円$$

注）2分の1を掛けているのは、貸倒れが平均的に発生していると仮定したため。

　この結果から、10％の利息では、400万円の損失となるが、40％もの暴利を絞り取れば、なんと、2,300万円の利益となる。これが、生活困窮者を狙った無審査融資が成り立つ理由だ。

3章

マネーをどう稼ぐか

君たちも食べるためには、働かねばならない。

　しかし、生活のためだけに働いていたのでは、楽しくないだけでなく、長続きもしない。

❶ 何のために働くのか ……………………………………

　それは、君自身のためであることに間違いはないが、このことを深く考える機会に恵まれた人は、そう多くはない。そこで、働く目的を掘り下げることにする。

> **重要！**　<u>働く目的</u>
>
> ◆ 安定した収入を得る。それは、懸命に働くことにより得られる。
> ◆ 自己変革。それは、社会の中でしか磨くことができない。
> ◆ 社会貢献。それは、仕事を通じて実現される。

　この３つの目的は、バラバラに存在するのではなく、一体として機能するので、全体としてのバランスが大事となる。

【1：安定した収入を得る】

　収入だけにフォーカスしすぎると、健康を害したり、不正に巻き込まれたりする。他の2つの目的とのバランスがとれたとき、高収入の道も拓ける。

【2：自己変革】

　どんな人間も現実の社会の中で働くことにより、仕事面のキャリアだけでなく、人間性の面でも磨かれていく。従って、仕事が人間を創ると云える。

　犯罪者の職業が無職と報道されることが多いのは偶然ではない。普通の生活ができていないのだ。これは、個人の責任というよりは、生きづらい社会の仕組みにも問題がある。

　これらの問題は、君たちにとっても、他人事ではない。そうならないためには、自分の個性が活かせる、自分が成長できる仕事、自分が夢中になれる仕事に就くことだ。

　それを見つけることは困難であるが、自分を信じて待つしかない。

　そして、誠実な生き方を持続していると、突然、天職との出会いのチャンスが訪れるから不思議だ。

【3：社会貢献】

　世の中には様々な仕事が無数にあり、それぞれがなくてはならないものだ。それ故に、今、自分に与えられた仕事の責任を果たすことが、立派な社会貢献だ。目立つことや人から評価されることをすることではない。

　なお、背伸びして社会貢献を目指す人もいるが、そういう人の中には、途中で挫折する人も多い。

　着実に自分磨きをしていると、人から評価され、やがて、協力する人も現れ、その結果として、今、やっている事業が大きく社会貢献につながっていくことが多い。

❷ 収入は、どうしたら得られるか ……………………

　お金を稼ぐ基本は、働くこと。宝くじや株式投資などで稼ぐこと自体は、頭から否定されることではないかもしれないが…………。

　しかし、楽をして儲けるような発想は「断捨離」しないと、未来への展望は開かれない。

　そこで、中学、高校、大学生の段階から、働くことを前提として、社会に出たときに、本当の意味で役に立つ総合力を蓄えていくしかない

❸ 仕事と幸福をどう結びつけるか ····················

　年収と幸福度の関係を調査した結果によれば、年収が一定限度を超えると幸福度は、それほど増加しないと云われている。その目安は年収（可処分所得）750万円のようだ。

　また、不思議なことに「金持ち ＝ 幸福」でないことがおもしろい。

　それは「幸福は、お金では買えない」からではなく「お金を増やすことに偏った生き方、それ自体に問題がある」からだと考える。

　そこで、仕事を幸福に結びつけるための働き方を考える。

【１：好きになれる仕事を選ぶ】
　好きな仕事を選ぶためには、自分自身が、新しい事業を考え出す方法もあるが、雇われの身では、そう簡単ではない。

　そこで、今の仕事の中で、創意と工夫で、働く楽しさを発掘することだ。その地道な発掘作業の中から、素晴らしいアイデアやヒントが生まれることが多い。起業は、それからでも遅くはない。

【２：近江商人のモットー】
　トランプ大統領は、自国ファーストをかかげ、地球温暖

化対策の国際的な枠組み「パリ協定」から正式に離脱した。

　そして、地球温暖化や海洋汚染問題などの改善が一向に進まないのは、地球全体の利益のために、なぜ、自分がコストを負担しなければならないのかとの自分ファーストから脱却できないからかもしれない。

　また、取引の当事者さえ儲かれば良いとする Win-Win の関係を基調とするビジネスの仕組みにも問題があるように思える。

　その根本的な解決は、数値目標の達成を目指すことにあるのではない。

　それは、近江商人のモットーである「三方よし（買い手よし、売り手よし、世間よし）」すなわち、地球全体の利益を優先する「世間よし」を基調とした働き方にあると考える。

【3：好循環するワークライフバランス】

　ワークライフバランスとは、「仕事と生活の調和」と云われるが、最適な比率があるわけではない。

　つまり、均衡させるのではなく、仕事と生活のどちらも犠牲にしない生き方にある。

　それは、仕事も生活も両方を充実させること。その相乗効果で、余裕のある人生と豊かな社会を実現することだ。

　下図が示す、相乗効果による好循環モデルこそが、君たちが目指すべき生き方だ。

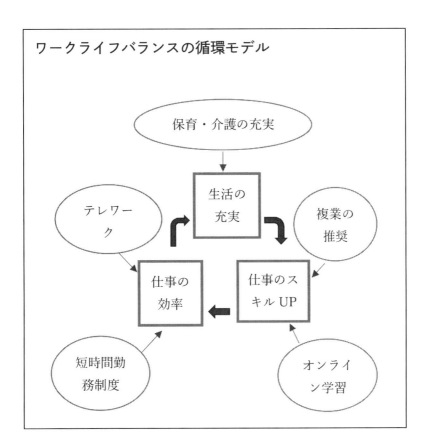

ワークライフバランスの循環モデル

保育・介護の充実

生活の
充実

テレワーク

複業の
推奨

仕事の
効率

仕事のス
キルUP

短時間勤
務制度

オンライ
ン学習

　ここでの「複業の推奨」とは、生活費の不足を補う「副業」とは、その目的が異なる。それは、一人の人間が農家、市議会議員、作家などの複数の仕事を本業のレベルでこなし、その相乗効果によって、総合的なスキルUPを目指す働き方。

　また、それは、AIの進展などによる社会の変化にも対応できる働き方でもある。

❹ 働き方は変化する ･････････････････････････････････

　君たちの生きる時代は、働き方を社会の変化のスピード
に合わせて変えていかなければならない。そこで、その変
化の方向性を考えてみよう。

◆ AIやロボットの登場により、人間の仕事からルーチン
　ワークはなくなる。そして、事務処理分野では、知識や
　論理的思考を得意とする専門職は、あまり必要とされな
　くなる。

◆ スマホのようなコンパクトで精密な製品は、もはや、人
　間の手では作れない。今は、人間に頼らざるを得ない仕
　事も、AIやロボットの進化により、どんどん人間から
　ロボットに置き換わる。

◆ 大企業だけでなく、個人や小グループが新しい働き方や
　新しい事業・サービスを興す時代が来る。

◆ 複業が当たり前となり、仕事以外の分野でも、政治や経
　済にも見識をもち、音楽や美術にも精通して、人生をエ
　ンジョイする総合的な人間が活躍する時代が到来する。

◆ 事業資金の調達は、銀行借入だけではなく、クラウド
　ファンディングなどの多様な調達方法が可能となる。

クラウドファンディング

これは、「クラウド（群衆）」と「ファンディング（資金調達）」という言葉を組み合わせた熟語。

インターネットを通じて不特定多数の人に資金提供を呼びかけ、趣旨に賛同した人から資金を集める方法。

その種類として、支援者が金銭的なリターンを得ることができる「投資型」と、金銭以外の物やサービスなどを受け取ることができる「非投資型」がある。

また、目標金額に達しない場合は、支援金が受け取れない「All or Nothing方式」と、目標金額に達しなくても支援金が受け取れる「All in方式」がある。

4章

マネーがマネーを稼ぐ

マネーを稼ぐ方法は、就職、個人事業主、プロのサッカー選手、ユーチューバーなど多彩だが、広い意味では働くことだ。

　しかし、財産のある人は、その運用によって、マネーを稼ぐことができる。

　私の若い頃、定期預金の金利が５％、株式相場が右上がりで上昇していた。そのとき、その預金利息の大きさにマネーのパワーが実感できた。

❶ 自己責任の原則 ‥‥‥‥‥‥‥‥‥‥‥‥‥‥‥‥‥‥‥

　しかし、今は、財産の運用で、成功した人の話より、失敗した人の話をよく聞く。

　例えば、老後を考えて、大切な退職金を株式投資で運用したばかりに短期間で多額な損失を出した。

　それは、銘柄選びは完ぺきであったが、購入のタイミングが悪かったのかもしれない。

　どんな投資であっても、その事業が成功するかどうかは、予測できない。それが投資した者が、負わなければならないリスクだ。

　これを自己責任の原則と言う。

一方、手数料収入が確実に入る販売側には、リスクが発生しない。

　そう考えると、他人任せの投資で、利益を得ようとする考えは、あまりにも甘い。投資は、自分が判断できることが前提となる。

❷ マネーのパワー ·······························

　ところで、この資本主義経済の下では、企業支配力の源泉もマネーのパワーにあるようだ。

◆　社長を決めるのはマネー：会社の発行済株式数の過半数を制した者が、会社を支配する仕組みになっている。そこで、資本の論理が優先されすぎると多様性は排除、マイノリティは無視される可能性もある。

◆　社長は大株主のために働く：社長の関心事が大株主に 偏<ruby>かたよ</ruby>りすぎると、株価と配当が優先される。

5章

マネーをどう管理するか

ここでは、君の希望を実現するために、マネーをどう管理するかを考える。

◆　人生の目標などを織り込んだ「長期資金計画」

◆　安心して日々暮らすための「年度の資金管理」

◆　「マネーの安全対策」

❶ 長期資金計画 ・・・

　「私の夢は、これだ」と、今、直ぐに応えられる人は少ないかもしれない。そこで、まず、「仮の目標」をいくつか立てることだ。それを、人生の節目、節目で修正していく方が現実的かもしれない。

　これが、moving goal（動く目標）と云う考え方だ。

　（詳しくはⅢの部2章に記述する）

　ひとたび、決めた目標だからといって、それに固執^{こしゅう}することは愚^{おろ}かだ。自分の心境や周りの状況が変化したら、勇気をもってチェンジする。

　目標が決まれば、それを実現するためのプロセスとその必要額をプランニングする。

　あとは、その必要額をどのように確保するか、その方針を考える。

❷ 年度の資金管理 ··

そもそも、自分の不幸をお金や他人のせいにしている人は、人生の敗北者になりかねない。

そこで、どんなときにも資金不足で苦しまないために、1年間のお金の流れである収入と支出、残高の増減を管理する方法を考える。

【1：年度予算書の作成】

過去数年度の実績を参考に、新年度の予算を計画する。

費　目	年間合計	1月	（省略）	12月
食費				
家賃				
光熱費				
通信費				
支出合計				
給料				
その他				
収入合計				
収支の差				

【2：収入・支出の見える化】

　お金が、何に使われたのかを把握できるように、家計簿をつける。

　その目的は、正確な帳簿を作成することではない。残高の増減やマネーの流れの全体像を把握すること、そして、納得のいく使い方をするためだ。

【3：予算対実績の比較】

　年度の初めに、収入と支出の予算を立てる。毎月、実績と予算を比較する。この作業の目的は、予算とのズレの原因把握と将来のためにムダな支出を抑えることだ。

【4：クレジットカードの管理】

　現金がなくても買い物ができるのがクレジットカードだ。それは、魔法ではない。単に借金しているにすぎない。

　毎月の支払額を平準化するための「リボ払い」を利用するようになったら黄色信号だから注意しよう。

❸ マネーの安全対策 ……………………………………

　今、ＮＴＴドコモが提供する「ドコモ口座」を利用した「銀行預金の不正引出事件」で社会が混乱している。その原因は、ドコモ口座の開設にあたって、一番大切な本人確認が甘かったようだ。

　しかも、報道によれば、ＮＴＴドコモの利用者でない人が、狙われる可能性が高いというから驚きだ。

　さらに、本人確認を甘くした理由が、ドコモ口座の利用者の拡大との説明に言葉を失った人は少なくない。

　このような事件は、これからも発生することが予想されるので、システム提供側の安全対策に頼りすぎないこと、すなわち、自己防衛をすることが大切。

　次に述べる自己防衛方法は、簡単で効果が期待できるので、ぜひ、習慣化してほしい。

◆ セキュリティ対策がしっかりした金融機関を選ぶ。

◆ 月に１回以上は、預金通帳の残高などを確認する。

◆ 預金通帳のすべての出金取引の中に、異常なものがないかを目視チェックする。

6章

マネーのトラブル

世の中で起こる様々なトラブルの多くは、マネーに関係している。その種類を数え上げたらきりがない。

　そこで、マネーのトラブル対策として、その基本戦略と多様化するトラブルの原因を考えることにしよう。

❶ マネーのトラブルへの基本戦略 …………………

　マネーに関連するトラブルは、巻き込まれてから、事の重大さに気づいたのでは遅すぎる。

　その最善の策は、君がトラブルに巻き込まれないように用心することにある。

　そのための基本戦略として、次の３つを是非、君に守ってもらいたい。

◆「君子危うきに近寄らず」、即ち、儲け話や闇バイトなどには、決して興味を持たない、寄せつけないこと。

◆ 多少の損は覚悟して、争いから早期に撤退すること。時間と体力を消耗することほどの損失はない。

◆ お金に対する清潔感と公平性を保つこと。マネーの争いは、人間の醜い欲望から生まれることが多いため。

❷ 多様化するトラブルの原因と対策 ·················

　ここでは、多様なトラブルを５つに大別して、その代表
例のいくつかを示す。

　そこで、君が３つの基本戦略を徹底することにより、以
下に記載するトラブルを予防できるか否か、を確認してほ
しい。

【１：突然の不運】

◆ 倒産や失業に伴う収入の不足。

◆ 病気やケガによる長期休業。

◆ 離婚などに伴う養育費の不払い。

【２：人間の未熟さ】

◆ １億円以上の収入があったにもかかわらず、浪費グセが
　　ついたため、多額な負債を抱えて自己破産した人もいる。

◆ いけないと思っても止められないギャンブル・薬物依存
　　症など。やがて、仕事にも支障が出て、健康も損ねて、
　　その後の人生が根本的に狂うことになる。

◆ 宝くじや死亡生命保険金などで、いきなり多くの現金を
　　入手してしまったことにより、そのことが原因で人生そ
　　のものを破綻させてしまう。

◆ 相続税の申告対象にもならない数100万円の遺産をめ
　　ぐり、「争族」する家族も意外に多い。

◆ 契約の解約をめぐり、不当な解約手数料を請求される場合がある。その恐れがある場合には、契約する前に、解約手続の内容と、その場合の解約手数料を必ず確認すること。

【3：判断の甘さ】

◆ 常識ではあり得ない「儲け話」を信用したばかりに、大切な財産を失う勧誘投資に引っかかる。

◆ 思わぬトラブルに発展する友人との金銭貸借。どんな理由があっても、まとまったお金の貸借は厳禁。小銭の貸付でも、回収を先延ばししないこと。
  まさに、Lend your money and lose your friend.

◆ 連帯保証人として署名する場合には、家族ともよく話し合うこと。君が、どんな資産家であっても、安易に連帯保証人となったばかりに、今、住んでいる家を明け渡すだけでなく、すべての財産を失うこともあり得る。

◆ 自分の方が正しいからといって、安易に裁判に訴えないこと。勝訴しても、裁判官の命令通りに支払われないケースもある。

【4：借金関連】

◆ お金が足りなくなると、借金に走る人がいる。借金返済のための借金を繰り返すと、やがて、多重債務者となり破綻する。

◆ 将来の夢に向かって借りた奨学金、しかし、自分が希望した就職ができないと、借金返済に追われて、身動きがとれなくなる人もいる。

◆ 給与ファクタリング*などの新たなヤミ金融が君たちを狙っている。安易な考えで借金に手を出すと、貧困の始まりになりかねない。

【5：詐欺関連】

◆ まず、自分が詐欺に引っかからないようにする。また、それ以上に、詐欺に加担しないこと。おいしい闇バイトに、興味をもつことも危険だ。

◆ 「ドコモ口座」を利用した「預金の不正引き出し事件」が発生した。これからは、セキュリティの甘さを狙ったサイバー犯罪の増加が予想されるので、自分スタイルのセキュリティ対策が必要だ。

おまけの章

複式簿記

ところで、君たちが生きる未来では、公務員やサラリーマンとして、その一生を終わる人は少ないかもしれない。

　そこで、新しい事業を起業するとなると、経営者としての能力が必要とされる。

　そもそも、経営には、事業内容により要求される能力は異なるが、共通して求められるのが次の３つだ。

◆ 国際共通語としての英語力

◆ 情報ツールとしてのICT（インフォメーション＆コミュニケーション・テクノロジー）への理解

◆ 事業活動を把握するための手段としての会計への理解

❶ 会計とは何か ……………………………………

　例えば、楽譜は、音楽を演奏するために不可欠な言語だ。それと同じように、会計もまた、会社の財政状態や経営成績を理解し、説明するために開発された言語だ。

この図から大切なポイントは、次の 2 つ。

◆ 多種多様な会計取引を「どのようなルール」で会計システ
　ムに取り込むか。

◆ 財務報告書の利用価値を高めるために、会計理論をどの
　ように 整えるか。

　なぜなら、会計システムに取り込まれた会計データをそ
のままアウトプットしたのでは、財務情報としての価値
は低いからだ。

❷ 複式簿記の仕組み ……………………………………

　会計取引を会計システムに取り込むためには「仕訳の
ルール」が必要だが、このルールが「複式簿記」の中心的な
原理だ。
　簿記は、会計データの作成・集計・報告をするための手段。
そして、AIの発展により「簿記の記帳能力」は不要とも云わ
れているが、「簿記の仕組み」の理解は必要と考える。

　それでは、例題を通してバランスシートと損益計算書の
作成プロセスを体験することにする。
　Are you ready?

例題を解く前に、初めての人のために、「仕訳」の意味を説明する。

 すべては仕訳から始まる

　仕訳のエッセンスは、一つの会計取引を2面から捉えていることだ。それは、左側を借方、右側を貸方と云って区別している。両方の金額は、常に一致し、バランスしている。

【例：銀行から10円借りたとする】
　現金を手にすることができるが、同時に借入という負債も発生する。それを的確に表現する方法が仕訳だ。

借方（資産の増加）	貸方（負債の増加）
現金　　　　10	借入金　　　　10

　これは、バランスシート上は、資金の運用（資産としての現金が増加）と資金の調達（負債としての借入金が増加）の姿（財政状態）を表現している。

ここから、例題に挑戦だ！

例題：A企業は、商品を100円で仕入れて、それを150円で販売した。この会計取引の振替伝票を作成せよ。

『商品を仕入れたときの仕訳』

振替伝票			
No 01			〇年4月1日
借方		貸方	
勘定科目	金額	勘定科目	金額
商品	100	仕入債務	100

　これは、資産の増加と負債の増加を示す。

『商品を販売したときの仕訳』

振替伝票			
No 02			〇年4月5日
借方		貸方	
勘定科目	金額	勘定科目	金額
売上債権	150	売上	150

　これは、資産の増加と収益の発生を示す。

振替伝票			
No 03 日付			○年4月5日
借方		貸方	
勘定科目	金額	勘定科目	金額
売上原価	100	商品	100

　これは、費用の発生と商品の減少（即ち、資産の貸方増加）を示す。

 簿記のエッセンス

　一つの会計取引を必ず借方と貸方の両方に記録するのが、この複式簿記のエッセンス。複式簿記の名称は、この記録の仕方から名つけられた。

　おもしろいことに、簿記では、「引き算」を使わないで、すべて「足し算」だけで処理する。

　資産の減少は、「資産の貸方増加」で表し、負債の減少は、「負債の借方増加」で表現する。

　なお、ある勘定の「借方の取引合計」と「貸方の取引合計」の差額が、その勘定の残高となる。資産に属する勘定は、借方に残高が残り、負債に属する勘定は、貸方に残高が残る。

❸ バランスシートと損益計算書ができるマジック …

では、今、作成した３枚の振替伝票（仕訳データ）から、バランスシートと損益計算書を実際に作成してみよう。

■ Step 1：振替伝票の借方と貸方の金額を勘定科目別に単純集計する。

■ Step 2：資産・負債に属する勘定科目と損益に属する勘定科目を、それぞれ、下表のように転記する。

【試算表】

勘定科目	単純集計		資産・負債		損益	
	借方	貸方	借方	貸方	借方	貸方
売上債権	150		150			
商品	100	100				
仕入債務		100		100		
資本金				0		
売上		150				150
売上原価	100				100	
当期利益				50	50	
合計	350	350	150	150	150	150

注) 当然だが、資産・負債の部と損益の部との当期利益は50円で一致している。

上記の試算表の「資産・負債の部」を報告書で表現すると。

バランスシート

科目名	金額	科目名	金額
資産の部		負債・資本の部	
売上債権	150	仕入債務	100
		資本金	0
		当期利益	50
合計	150	合計	150

上記の試算表の「損益の部」を報告書で表現すると。

損益計算書

科目名	金額
売上高	150
売上原価	100
当期利益	50

　この複式簿記が広く普及した背景には、「フローの損益計算書とストックのバランスシートが同時に作成される仕組み」が完成していたからにほかならない。

❹ 仕訳をするための座標軸は何か ………………

　振替伝票で使用した「商品」や「売上」などは【勘定科目】
と呼ばれ、資産や費用などを分類するキーだ。この勘定科
目の設定は、その必要性に基づいて採用されるため、企業
により異なる。

　また、勘定科目と並んで重要なのが時間軸としての【会
計期間】だ。通常は、1年間を会計期間とする。
　先ほどの例で考えると、「売上を計上した会計年度」と
「商品を売上原価に振替えた会計年度」とが、もし、違って
いたら、どうなるのか。
　その財務情報の利用者は、ミスリード（誤った理解）する
にちがいない。実際の粉飾決算でも、この会計期間のズレ
は利用される。

❺ 利用価値を高める会計理論 ………………

　会計システムへのインプットでは、仕訳のルールが重要
であった。そして、会計システムからのアウトプットでは、
財務報告書の利用価値を高めるための会計理論が必要とな
る。
　その会計理論は、費用収益の対応、費用配分の原則、時
価会計、減損会計、税効果会計など、数えだしたらキリが

ない。そこで、簿記の勉強で必ず学習する「減価償却」を例に考える。

【例題】

今、100万円の印刷機を購入しようと考えている。

そこで、以下の見積損益計算書を作成することにした。

見積損益計算書　　　　　　　　　　　　　単位：万円

勘定科目 ＼ ケース	購入時に費用	減価償却
売上	200	200
費用		
材料費	50	50
印刷機の購入費	100	
減価償却費		20
その他	100	100
合計	250	170
利益	▲ 50	30

上記の見積損益計算書が示すように、印刷機を購入したときに、全額を費用で処理すると赤字となる。

しかし、印刷機の使用年数を5年と考えて、5年間で均等に配分すると、1年分の費用負担は20万円で済む。

このような計算方法を「減価償却」と云う。この考えは、

費用を収益に合理的に対応させるという役割を果たしている。

> ### 減価償却のこぼれ話
>
> 通常、有形固定資産は、使用予定年数で按分されるが、兵器としての戦闘機やイージス艦などは、そもそも、減価償却資産として扱わない。購入時に全額費用となる。
>
> ひとたび、戦争が起これば、その価値はゼロになるからだ。
> これは、「世の中で、戦争ほど、ムダなものはない」ことを教えている。

❻ 発生主義会計の世界 ……………………………………

ところで、19世紀、この減価償却を発明したのは、発展が著しい鉄道会社だった。

当時、鉄道事業では、車両、線路、鉄橋、駅舎など、多額な設備資産への支出が増加していた。加えて、鉄道会社は、株主から安定した配当を求められていた。

ところが「収入－支出＝儲け」の考え方では、出資者への公平な配当ができなかった。その原因は、設備資産への投資を「支出ベース」で処理していることにあった。

　そこで、支出時に一旦、資産に計上して、数年間に分けて費用化するアイデアが生まれた。

　それは、現金の入出金をベースとする「現金主義会計」から「収益－費用＝利益」とする「発生主義会計」へのパラダイムシフトだった。

　しかし、この発生主義会計下では「人為的な操作」が加わるため、デメリットとして「経営者による粉飾決算」が起こった。

　もともと、複式簿記は、「儲けの分配」に関わる争いを避けるために、必要に迫られて発展してきた技術だ。

　しかも、出資者は、家族・親族から仲間へ、それから外部の投資家へ発展する。

　現在は、この外部投資家の拡大により、説明責任を果たすために「厳格な会計ルール」と「外部監査人による監査」が適用されている。

パラダイムシフト

　それは、その時代や社会において当然と考えられていた「物の見方や考え方」が劇的に大きく転換すること。

【コペルニクスの地動説】
　中世までの西洋では「人間の住む地球が宇宙の中心である」と考えられ、キリスト教神学にも合致していた。
　そのため、その天動説に異議をとなえるのは、相当の覚悟が必要だった。
　そこで、コペルニクスは、自らの死後に、太陽を中心にした地動説を「天球の回転について」として発表した。

Ⅱの部　完了

Ⅲの部

ライフステージに合わせて

人生の目的は、幸福になること。幸福とは、生きていることが楽しい人生だ。

　その幸福を実現するためには、ほどほどのマネーが必要となる。そのマネーを上手に活用するためには、いくつかの「マネー経済を生きるための知恵」が必要だ。

　それは、人生の土台となるものだ。年齢には関係なく、「マネー哲学の思索の旅」を続けさえすれば、誰でも、習得できるはずだ。

1章

ライフサイクルの地層

世の中には、今の恵まれた環境への感謝の気持ちを忘れることなく、自（みずか）らの才能を伸ばす人。裕福な環境に安住してしまい、充実感のない青春を過ごしてしまう人。

　また、逆境をバネに、自己自身をたくましく成長させる人。

　いずれにしても、この子ども時代の基礎形成期をどのような自覚で生きたか、それがすべてだ。

　君たちの人生は、子どもから学生、現役からシニアに単純に移行していくのではない。それは、建物を造るのと同じように、まず、基礎工事が重要。基礎を作るための大切な時期をどう過ごすかで、その後の人生が大きく変わる。

　この基礎形成期は、豊かな感性を育むことが重要で、知識の暗記などの勉強中心の生き方であってはいけない。

　あるアーティストは「子どもは、みな天才だ。それを大人が奪っている」と言っている。創造性を失わないために大切なこと、それは生涯にわたり少年の心を持ち続けることだ。

　従って、いかなるライフサイクルにあっても、新しい知識の習得だけでなく、アイデアの開発や感性を磨くための努力を続けなければいけない。

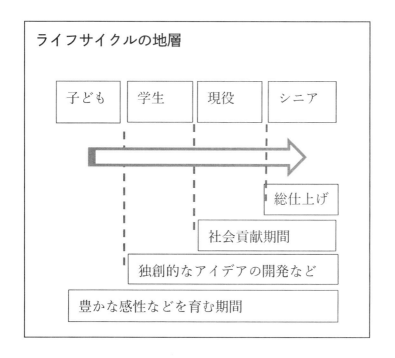

ライフサイクルの地層

| 子ども | 学生 | 現役 | シニア |

総仕上げ

社会貢献期間

独創的なアイデアの開発など

豊かな感性などを育む期間

　そして、この図のような、４つの地層からなる重層的な生き方を勧（すす）める。それを貫けば、シニアとなった総仕上げ期には、３層で積み重ねられた感性、独創性、経験が最も生かされる人生の黄金期を迎えるにちがいない。

　それを決定づけるのは、基礎形成期の子ども時代とシニア時代の生き方にある。

　マネーや名声などのために自分を消費する生き方には未来はない。それを防ぐ唯一の方法は、こころの清潔を保つことだ。

　人間のこころは、悪に染まりやすい、それを浄化できる

のは、君自身であることを忘れないで欲しい。

2章

マネー経済を生きる知恵

この章では、まず、マネー経済を生きるための知恵について、思索を重ねる。

そして、経済的自立、精神的自立、社会的自立の中でも、最も大切な社会的自立を深く学ぶ。

それは、どんな人間でも一人では生きていけない。助けたり、助けられたりしながら生きている。それを心地よく振舞えることが社会的自立であり、「人とつながる力」でもあるからだ。

❶ マネー経済を生きる３つの知恵 ……………………

最近は、働きにくい職場環境により、体調不良やうつ病で悩む人も少なくない。それは、雇う側と雇われる側とのコミュニケーション不足により、仕事に対する価値観などが不安定なことが原因のようだ。その背景には、社会の基盤である教育や社会福祉などの制度・機構が充実していないことに加え、人間不信が横たわっているので、そう簡単には解決できない。

しかし、そのような社会環境にあっても、たくましく生きる知恵はある。その知恵として「バランス思考」「動く目標」「社会的自立」の３つを考える。

【1：バランス思考】

　バランス思考を身につけるための知恵として、次の4つを取り上げる。

◆　ワークライフバランス

◆　多様性を調和させる真の対話原理

◆　理性と感情のバランス

◆　マネーとその人の器

＊＊　ワークライフバランス　＊＊

　これは、「好循環するワークライフバランス」として、「Ⅱ部　3章　マネーをどう稼ぐか」に詳しく記載しているので省略する。

　そして、この好循環を実現することができれば、過酷な働き方をしなくても、必要とする収入の道は拓ける。

＊＊　多様性を調和させる真の対話原理　＊＊

　どこの会議でも実力者の発言に異議をとなえる人は少ない。それは、議論を形式的に行い、あとは、多数決で決めると云うやり方に慣らされていることが原因のようだ。

　それでは、進歩が望めないので、真の対話が必要だ。

　その対話原理とは、個人一人ひとりの価値を認める民主的な対話。それは、多様性を調和させながら問題解決の方向性を決めるやり方でもある。

　個人が持つ異なる意見を無視してはいけない、常に個と

全体とのバランスが重要となる。

＊＊ 理性と感情のバランス ＊＊

　理性とは、道理を考える能力だが、人は、その理性を失い感情的になることも少なくない。

　しかし、それは、理性と感情の葛藤の結果ではなく、人間としての未熟さに、その原因があることも多い。

　一方、大いなる感情は、研ぎ澄まされた知性を発動させ、高いレベルで融合するものと考えられている。

　これからは、「豊富な知識や論理的な知性」と「温かい感情や豊かな感性」とのバランスのとれた人が求められる。

＊＊ マネーとその人の器 ＊＊

　「悪銭身に付かず」とのことわざがある。確かに、何の苦労もしないで得たお金は、なくなりやすいかもしれない。

　周りの人間を観察すると、お金が入るサイフの大きさを決めているのは、その人間としての器であるように思える。

　度量の小さい人は、せっかく、お金を手に入れてもオーバーフローしてしまい手許に残らない。

　一方、器の大きい人は、その人の力量に応じて、お金がいくらでも回ってくる。

【2：動く目標　moving goal】

　与えられた目標に生きる人間から、
　自分の目標を自(みずか)ら創る人間になれ！
　自分の可能性に生きろ！

　ところで、今、人類にとって一番注目されているゴールと云えば、SDGs（Sustainable Development Goals）だ。それは2015年に国連が採択した17の目標からなり、日本語で「持続可能な開発目標」と訳されている。2030年達成を目指しているが、新型コロナの影響もあってか、その達成が危ぶまれている。

　これらの目標達成には、君たち一人ひとりの生き方が大きく影響している。

17の持続可能な開発目標

人間	貧困をなくす	飢餓をゼロに	すべての人に健康と福祉	質の高い教育	ジェンダー平等の実現	安全な水とトイレを
経済	クリーンエネルギーの普及	働きがいと経済成長の両立	産業と技術革新の基盤	不平等をなくす	住み続けられるまちづくり	責任ある消費と生産
地球	気象変動への具体的対策	海の豊かさを守る	陸の豊かさを守る	平和、正義と充実した制度機構	パートナーシップで目標を達成	

ここで、SDGsへの取り組みのイメージをつかむために、北海道のある小さな地方自治体での実践例を見てみよう。

　そこでは、森から出る処分に困る利用価値のない間伐材や木くずを燃料とする「バイオマス発電」を行い、エネルギーの地産地消を実現した。これにより、送電ロスを軽減し、災害にも強い電気の供給体制も実現している。

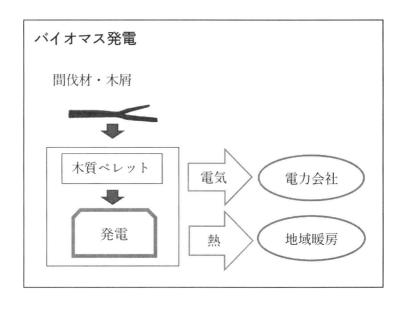

　しかも、注目すべきは、この自治体では、下記の５つのSDGsを同時に推進していることである。

クリーンエネルギーの普及	働きがいと経済成長の両立	住み続けられるまちづくり	気象変動への具体的対策	陸の豊かさを守る

君が人生の目標を決めるとき、このSDGsを参考にすると良い。なぜなら、この目標達成に関連する仕事が、未来社会からの要請であるからだ。その場合、次の点が参考になる。

◆　難しく考えないで、できることから取り組む。いきなり大きな目標を目指すよりも、達成可能な仮目標を立て、順次、攻略していく方が近道である場合が多い。

◆　人生の目標が複数であれば、同時に進行させることによる相乗効果が期待できる。また、それは、時間とマネーの節約にもつながる。

◆　目標（ゴール）は、約束とは異なり、そのときの状況により、動かすこと（moving）の方が自然。激動する現代社会にあっては、目標の見直しが必須となる。

◆　計画通りにいかないのが人生なので、目標に縛られない勇気ある撤退も必要だ。

【3：社会的自立】

　君の今の生活環境では「この人とは相性が合わない」と思う人と、距離を置いていても問題は起こらないかもしれない。しかし、社会人となり仕事を前に進める上では、協働作業を避けて通ることができない。結局、ストレスがドンドンたまる。

　そこで「社会的なひきこもり」にならないために、3つの自立が必要と云われている。

 3つの自立

　経済的自立とは、保護者のお金に頼らず、自分で収入を得て生活できるようになること。

　精神的自立とは、自分の哲学を持ち、自分の言動に責任をもち、自分で意思決定できること。

　社会的自立とは、社会の中で自分と他者との役割分担を築きながら、社会の一員として生活できること。
　また、「成果さえ出せばいい、他人など関係ない」との生き方は、それは自立ではなく、社会的孤立だ。

経済的自立と精神的自立は、本人とカウンセラーなどの努力で何とか克服できることが多い。

　一方、社会的自立は、「長期にわたる経験・実践の積み重ね」から生まれた本人の自信が、その基底にあるので、そう簡単にはいかない。

　そして、できるだけ早い段階で、社会的自立に問題がありそうな人に気づくこと。例えば、どんなに成績優秀でも、自分の部屋に閉じこもって勉強ばかりしている人も要注意。

　また「自立」と聞くと、どうしても、一人で生きていくイメージが強い。

　考えれば、どんな人間でも一人では生きていけない。助けたり、助けられたりしながら生きている。それを心地よく振舞えることが社会的自立であり、「人とつながる力」でもある。

　周囲とうまく、なじめない人であっても、周りの状況を冷静に判断する余裕ができれば、あと一歩だ。

　実際は、次のケースのように、様々な要因が重なっていて、なかなか自立の道は厳しい。

■　厳格な父に育てられた。

■　父への反発があっても、父親を経済的に頼っている。

■　自分で判断する力（精神的自立）にも問題がある。

■ 経験不足のため、あるがままの現実を受け入れ、巧みに
　生きていく力 (社会的自立) にも自信がもてない。

　そして、この社会的自立が一番重要であるにもかかわら
ず、関わり合いを避けたがる「現実社会での冷たさ」が、こ
の社会的自立を妨げていると言う人もいる。

❷ 個人の限界を超えて ……………………………………

　就業がうまくいかないからといって、自分をダメな人間と責めてはいけない。

　これまで、君たちに個人としての努力の大切さを伝えてきた。

　しかし、現実の社会では、個人の力では、どうすることもできない問題が、あまりにも多すぎる。

　例えば、教育費の負担の大きさ、働きがいよりも経済成長や利益を重視する政治・経済姿勢、這い上がることを拒む格差社会の壁など。

【企業を変える】

　もし、在職している企業に疑問を感じたら、改善のための行動をするか否かを早急に判断して、自分が潰れないうちに、円満退社することだ。

　そして、多くの働く人が、従業員を大切にする企業を厳しく選別するようになれば、社会全体の雇用環境も改善されるだろう。

　転職先の判断は、長い目で見て、目先の給料に惑わされないことだ。サービス残業や厳しいノルマがあれば、何にもならない。体を壊すだけだ。

　むしろ、当初、給料が安くても、志を持った人々が集まるようになれば、その企業の業績と連動して給料が上がる

可能性も高い。

【社会を変える】
　社会を変えることは、さらに難しい。総務省では、全国各地に「行政相談窓口」を設置している。
　しかし、社会の仕組みを変えるような相談には応じてもらえないだけでなく、理解さえもしてもらえない。
　結局、地道な方法だが、君たち一人ひとりが政治に関心を持つことだと考える。
　政治に主体的に参画すれば、国は必ず変わる。

3章

ゆれる大学教育

有名大学を出ても活躍できない人が、いかに多いかが気になる。それは、日本だけでなく世界的な傾向のようだ。

　これは、学歴社会の終わりを意味するだけでなく、企業や社会が「実力本位の人物」を求めているのかもしれない。

　そこには、目指すべき理想像があるのではない。これからの社会は、多種・多彩な個性を持った学生たちを必要としていると考える。そして、一人ひとりが「自分らしく生きる」中にこそ、その個性は発揮される。

❶ 大学に行くための費用 ································

　大学の学費がいくらかかるのかをネットで調べてみると、初年度納付金は、次のようだ。

（単位：万円）

区　分	私立	国立
文系	116	
理系	152	82
医歯系	479	

　6年制学部や大学院進学を検討している場合には、経済的な見通しが、さらに重要となる。この学費以外にも、自宅外から通学する場合には、アパートの敷金、家財道具の購入費やその後の様々な生活費がかかる。

学費を含めたこれらの費用を保護者に支援してもらえれ
ば、学業に専念できる。
　しかし、そのような恵まれた環境にいる人は、そう多く
ない。奨学金という名の教育ローンを利用する人は、半分
を超えている。
　さらには、アルバイトを掛け持ちしなければ、大学を出
ることができない人もいる。

❷ 魅力ある大学 ……………………………………………

　果たして、多額の教育ローンをしてまでも、今の大学に
行く価値はあるのか、と真剣に考えている人も少なくない。
名だたる経営者の中には、「今の大学教育には期待してい
ない」と公言する人もいる。もし、大学側が現実社会や学
生からの要望に応えることができなければ、その大学が消
滅するだけでなく、日本の未来にとって、これほどの不幸
はない。

　選択したくとも、魅力のある大学がなければ、選びよう
がない。そこで、高校生から見て、魅力ある大学の要件を
考える。

【1：自発的に学べる環境】
　2016年、国会では、学ぶ機会の多様性をめぐり「教育機

会確保法」が議論された。それは「不登校の場合には、小中学校等へ通う以外に、フリースクールや自宅での学習を選択でき、学校以外も義務教育として認めよう」という内容であった。

　しかし、「学校に行かないことを安易に認めるべきではない」などの反対意見に押されて、大幅な修正により実現しなかった。

　これからは、学歴にこだわらなければ、学校という校舎に縛られない多種多様な授業が受けられる機会が増える。それは、学びたいときに、学びたい課題にフォーカスして、誰でもが学べる環境が整備されていくからにほかならない。なぜなら、多様な学び方を選択できた方が社会や学生のためになるからだ。

【2：大学の授業スタイル】

　学生が授業に参加する目的は、現実社会で活躍することができる総合力を身につけることにある。

　そこで、「事前課題学習を前提とする少人数制の授業」「能動的に学ぶためのアクティブラーニング」「時間と場所の制約のないオンライン授業」「企業を実地体験するためのインターンシップ」などの多彩な授業スタイルを提供しているか否かが問われる。

　いずれにしても、一方的なテキストの解説では、大学で学ぶ意味がない。自分一人で勉強した方が効率的だ。

また、インターンシップへの参加などによる企業体験から、深い学びへの意欲が生まれることが多い。

　そのためにも、大学内のキャリアセンターやインターンシップを１年生のときから積極的に利用することが望ましい。アルバイトに追われていては、貴重な経験の機会を逃しかねない。

 インターンシップ

　インターンシップとは、企業が就業体験の場と機会を提供し、それに学生が参加することができる制度。

　期間は、５日間が基本だが、中には１カ月間というコースもある。最近は、1Day仕事研究が増えている。企業は様々な工夫をしたプログラムを用意しているので、１日だけでも貴重な体験になるようだ。

【３：オンライン授業】

　現在、オンライン授業は、特別なプラットフォームを用意しなくてもノートパソコンさえあればzoomなどの利用により可能となっている。あとは、インターネット接続環境と勉強に集中できる場所さえあれば、どこからでも受講が可能になる。対面授業と異なり、遠く離れた学生との交

流も可能となり、よりグローバルな教育環境になる。

　この方式では、大学にわざわざ行く必要もなく、様々なメリットがあるので、さらに進化するにちがいない。

【4：学生同士の交流】

　オンライン授業の欠点は、生身の人間との直接対話でないことにある。論理的な話は、容易に伝わるが、感情的な要素が伝わりにくい面がある。そこで、学生同士の交流を主体とする少人数制の対面授業との併用も重要となる。

【5：定期テストは必要か】

　次のような変化が起こっているので、高校生を含めて、定期テストの実施は限定的となる。

◆ アクティブラーニングなどの能動的に学ぶ授業がスタンダードとなると、授業そのものが本番となり、そこでの理解が重要となる。そのため、事後に行われる定期テストの必要性は薄れる。

◆ テストは、タブレットのソフトなどを活用して、自分の進捗度に合わせて、セルフで実施する。そのフォローも自己管理する。

◆ 先生は、授業と学生への学習指導とに集中する。
　また、問題作成と採点業務から先生を解放する意味は大きい。

❸ 大学選びのポイント ………………………………

　大学生活を後悔しないためには、次の点を確認することが大切になる。

◆ 前出の「魅力ある大学」に記載した5つの要件を先進的に取り入れている大学を選択する。

◆ 知名度やランキングではなく、自分の目的にあった大学を選ぶ。

◆ どんなに自分の目的にあったカリキュラム編成であっても、授業内容やレベルに満足できない可能性がある大学は避ける。

◆ 経営赤字が深刻化している大学は避ける

 大学の倒産

　私立大学では、少子化に伴う学生の定員割れが深刻化し、4割もの大学が赤字経営に転落することも予想されている（帝国データバンク2018年4月）。

　文部科学省は、この「大学の倒産」での学生への影響を最小限にするために、経営危機が深刻化するリスクの高い大学には、バランスシート上の指標などを用いて「退場」を勧告する仕組みも検討されている。

❹ 教育費の公的支援 ······························

　学生がアルバイトをするのが当たり前、中には、学生ロー
ンを利用しなければ、生活が立ち行かない学生もいる。こ
の状況を放置すれば、学生個人が不幸になるだけでなく、日
本の未来も危うい。

　学生が安心して学業に励める教育環境を整えなければな
らない。その責任は、一体、誰にあるのだろうか。

【１：現状の理解】

　大学の学費に関して、家計負担が、なぜ重いのかを考え
てみよう。

　まず、国は、私立大学に対して私学助成金を配分してい
る。その配られる助成金は、大学によりバラツキがあるが、
経常収入のほぼ10％前後を占めている。視点を変えれば、
90％を家計が負担していることを意味する。

　また、2020年4月より「大学無償化」と云う言葉が話題
になったが、ほとんどの学生には、あまり関係がないかも
しれない。

　それは、この制度を利用できるのは、生活保護世帯やそ
れに準ずる低所得世帯に限定されているからだ。

ここで、教育費の公的支援の国際比較をしてみよう。「公的教育費の対GDP比率」をインターネットで調べてみると、上位の国が8％位の水準にあるのに対して、日本は約3％、しかも、113位という超低水準をキープしていることに驚かされる（GLOBAL　NOTE　2018年から要約）。

【2：どう改革すべきか】

　まず、公的教育費の対GDP比率を参加国・平均値5.8％の水準で予算化することが考えられる。

　なお、世界幸福度ランキングの1位のフィンランドだけでなく、ランクが上位の国は、教育に力を入れている。それにより、国際競争力が生まれるだけでなく、個人としての幸福度にも寄与しているようだ。

　フィンランドは、日本以上に資源に恵まれていない。フィンランドの冬は、ものすごく寒くて長く暗い。自国生産の食材の種類は、乏しく、その多くを輸入に頼っている。

　そこで、国を豊かにするためには、一人ひとりの価値を高めるための教育に投資するしかなかったようだ。

　また、フィンランドでは、公的教育費を将来の高額納税者を育てるための投資とも考えている。

　もし、日本において公的教育費を大幅に増やすとなると、その財源が税金であることを忘れてはいけない。当然、誰

でもが大学に行けるわけではない。その対象者は絞られる。

　まじめに勉強をしていない学生や所定の単位が取れなければ落第となる。大学生は、国民から託された者としての自覚があるため、学業に専念することになる。

　そこでは、今のように、生活のためにアルバイトを兼業することは、考えられないことになる。

　これからは、大学教育のコストパフォーマンスを高めるために、ITやAIを積極的に活用することになる。

　また、誰でもが参加できるように、それぞれの教育機関の壁を超えた多彩なプログラムも提供されるにちがいない。

　さらに、能動的に学ぶためのアクティブラーニング、時間と場所の制約のないオンライン授業、企業を実地体験するためのインターンシップなどを駆使（くし）して、「学んだことを、どう社会に役立てていくか」を重視した教育になる。

　決して、学ぶことのみで終わらせてはならない。

　そして、ムダな争いに翻弄される世界に終止符を打つために、多様な価値観に対して寛容に振舞えるリーダーが育つ教育環境が求められている。

４章

投資とギャンブルの世界

生活のためにマネーを使うのが消費で、利益を得るために
マネーを使うのが投資だ。世の中には、マネーを増やす
ための投資術の本があふれている。

　しかし、怪しげな投資トークを信じたばかりに、すべて
の財産を失った人も少なくない。

　そこで、「どうしたら儲かるか」ではなく、「なぜ、多くの
人が損をするか」にフォーカスして、投資について考える。

　ここでは、利益を得るためのマネーの使い方を3つに分
類して考える。

◆ 将来の有望な投資事業への投資

◆ 運だけが頼りのギャンブルへの投資

◆ 甘い投資判断に起因する投資

❶ 投資とギャンブルの違い ……………………………

　損失額だけで見れば、ギャンブルで損をする人より、投
資で損をする人の方がスケールも大きく、深刻な問題かも
しれない。

　ギャンブルとは何かと問われれば、その答えは、「ゼロサ
ムゲーム」だ。

ゼロサムゲーム

　ゼロサムゲームとは、すべての参加者について、勝者の得点合計と敗者の失点合計の総和（sum＝サム）が、常にゼロであるというゲームのこと。総和としての増減が一切ない世界だ。

　友人同士で行われる「賭けマージャン」が典型的なゼロサムゲームだ。

　また、競馬やパチンコといったギャンブルは、主催者側に運営費などが発生する。そして、利益を含む主催者の取り分を除いて、勝者に分配する仕組みであるため、マイナス・ゼロサムゲームと云われる。

　何回も賭ければ賭けるほど、参加者全体の手持ち資金は目減りしていき、最終的には、手持ち資金は、ゼロに近づく。儲かるのは、主催者だけだ。

　どんなに強運の持ち主でも、ギャンブルで勝ち続けることはできない。

Ⅲの部　ライフステージに合わせて

❷ 宝くじの仕組み ………………………………………

　宝くじの販売総額の内訳を百分率で示すと以下のように
なる。

区　分	％
当せん金	47
広告宣伝費などの経費	13
収益金	40
合　計	100

　この収益金は、発売元の地方自治体に納付される。その
使い道は、橋や道路の整備、子育て支援事業への助成金な
どに活用される。

　このことから、投資対象としては、マイナス・ゼロサム
ゲームに該当し、その期待値は0.47と低い。

　しかし、宝くじを買う人は、「高額賞金が当たる夢」を
買っている。

　また、当せん金は、いくら高額であっても、所得税も住
民税も非課税扱いになっている。

重要！ 宝くじのグループ買い

　宝くじの当せん金を夫婦や親子で分配したい場合、一旦、代表者が当せん金を受け取ってしまうと、受け取った者の財産になる。その後、他の共同購入者に分配した場合には、高い累進税率の贈与税が課税されかねない。

　当せん金の分配で贈与税を発生させないためには、共同購入者全員で当せん金を受け取りに行くしかない。そして、各自の受け取り分を銀行が発行する「宝くじ当せん証明書」に記載してもらえばOK。

❸ 投資と詐欺被害の分かれ道

　相場の状況から客観的に見て、今は購入のタイミングではなくとも、営業担当者に相談すれば、すぐにでも契約するように勧める。「もう少し様子を見ましょう」とアドバイスする人はいない。それは、顧客の利益ではなく、自分のために、手数料を誰よりも先に稼ぎたいからだ。

　そして、勧誘投資案件は、ほとんどが詐欺商法と考えた方が無難だ。

　今（2020年9月）、「ジャパンライフ」のオーナー商法が

大問題となっている。その被害総額は、およそ2,000億円にも上り、ほとんど回収できない見通しとのこと。

　なぜ、ここまで被害が拡大してしまったのか、その原因を探ろう。

【1：ハイリスク・ハイリターン】

　ハイリターンの投資には、それにふさわしいハイリスクが伴うことは、投資の基本鉄則だ。高配当を約束しながら、リスクの説明がないものは、詐欺商法と判断すべきだ。

　そんなうまい儲け話が、その辺に転がっているわけがない。

【2：ビジネスモデルの理解】

　なぜ、利益を上げることができるのか、そのスキーム（企画）の実現性には問題がないか、を十分理解する。

　もし、自分の頭で理解できなければ、すぐにでも交渉から手を引くべきだ。まさに「君子危うきに近寄らず」だ。

> ## ジャパンライフのオーナー商法とは
>
> 　磁気治療機器のオーナーになれば「そのレンタル収入により、年６％の高い配当が得られる」と云う商法。その磁気治療機器は、高いものとなると数100万円もする。
> 　しかし、そのほとんどは、レンタルが実施されていなかった。

【３：世間の評判を信じるな】

　この問題の核心として、被害者の多くが、ジャパンライフのトップから「総理主催の『桜を見る会』の招待状を見せられて信用し、被害が広がった」との指摘がある。自分の周りに、一定数の信用している人がいると、疑うことを停止させる集団心理が働く。

　熱狂的に盛り上がっている案件ほど、冷静に考える心のゆとりが大切だ。

【４：そんなにマネーが欲しいのか】

　欲に魅入られて、１億円以上も騙された高齢者もいたようだ。欲望には際限がない。

　自分が必要とするマネーがあれば、十分ではないか。お金のある人ほど、ターゲットにされるので、被害にあわないためにも「良識のある金銭感覚」を持つべきだ。

5章

マイホーム

マイホームを持つことは、若いカップルの夢。

　一方、多額な借金を背負うことは、自分の未来の制約になる。

　かつて、景気が良い時代は、ムリをしてでもマイホームを購入するのが普通の考えであった。大地震の心配はないし、いざ転売するとなっても、住宅価格は必ず値上がりしていたからだ。

　しかし、今は、将来の収入を予測できないだけでなく、ひとたび、大震災の被害に直面すれば、マイホーム資産は失われ、借金だけが残る。これからの生活の再建までも考えると、あまりにも厳しい現実がある。

❶ 家賃との比較の落とし穴 ……………………………

　購入を希望する住宅の価格と年収及び頭金をインプットすれば、容易に月々の返済額が求められる。支払っている家賃と比較するのなら、ボーナス払いは、ゼロにする。

　「家賃を払い続けても自分の資産にはならないが、ローンを払い終われば、すべて自分の資産になる」と考える人もいる。

　しかし、資産には、地震や水害などの自然災害によるリスクがあり、借金返済の原資たる収入にも、仕事を失うリスクが存在する。

　安易にマイホームを購入するのではなく、将来の生活や

仕事のスタイルを良く考えて、賃貸か購入かを決めることだ。

　もし、購入するならば、どのような考え方で、住宅価格の上限を決めればいいか。

例題を使って試算してみよう。

前提条件

可処分所得	600万円
年　令	35才
頭　金	500万円

【収入からの返済額】

= 可処分所得の20% × 60才までの年数

= 600 × 0.2 × (60 − 35) = 120 × 25

= 3,000万円

【住宅購入価格の上限】

= 収入からの返済額 + 頭金

= 3,000 + 500 = 3,500万円

　これは、一つの考えにすぎない。自分に合った試算でなければ意味がないが、将来の所得の伸びを見積もることは難しい。

なお、住宅販売会社が勧めるギリギリの返済プランに対して、どれだけ余裕を持たせるかがポイントとなる。

　また、「住宅取得等資金の非課税枠」を利用して、父母などからの贈与を頭金にする人もいる。その場合、住宅取得のタイミングは、贈与を予定している父母などとの連携もポイントとなる。

❷ 資産を持つことのリスク ……………………………

　住宅資産を持つことの主なリスクは、次の３つだ。
◆ 地震や水害などの自然災害による住宅の資産価値が失われるリスク。
◆ 人口減や不動産の需給状況の変化により住宅価格が値下がりするリスク。
◆ 失業などにより返済財源に問題が生じると、借金返済に奔走する事態になりかねない。

❸ 支払保証制度は誰のため ……………………………

　銀行と住宅ローン契約をすると「保証料」が発生する。銀行員からは、「銀行が紹介する保証会社に保証料を支払うことによって、不測の事態によって住宅ローンが払えなくなってしまった場合、保証会社が、銀行に代位弁済をして

くれる」と説明される。

　ローンが払えなくなると、保証会社が弁済してくれるので、確かに銀行への債務は消滅する。

　しかし、銀行の持っていた債権は、保証会社に引き継がれるため、借りている側から見れば、返済先が変更になったにすぎない。

　しかも、分割返済の条項は引き継がれないので、保証会社から「一括返済」を求められ可能性がある。すると、担保となっているマイホームが競売されることになりかねない。

　考えると、この支払保証制度は、銀行側にメリットがあるが、なぜか、保証料は、借りる側が負担している。

　納得できない人もいるかもしれないが、これが現実だ。

　また、延滞する前に銀行員に相談すれば、親切に相談にのってくれるだけでなく、的確なアドバイスをもらえることが多い。

6章

相続と贈与

企業などの法人は、相続と無縁であるが、自然人たる人間は、必ず訪れる死により相続が自動的に開始される。

　これに対して、贈与は、生きている間に行う「財産の移動」だ。

　2015年から、申告が不要となる判断基準 (基礎控除額) が大幅に引き下げられたため、相続税を心配しなければならない人の範囲が拡大した。

　なお、相続税の税率は累進課税なので、生前贈与をうまく組み合わせることにより、相続財産を減らす工夫が必要となる。

　注) この章の記述は、2020年度現在の法令及び通達によっている。

累進課税

　課税対象の額が大きくなるほど、税率が高くなる仕組み。

　日本では所得税や相続税などで、この方式がとられている。その目的は、所得に応じた税負担の公平や富の集中を排除することなどにある。

　但し、富裕層に対する様々な税の優遇制度があると、累進課税の趣旨が歪められることになる。

相続税の累進税率

取得金額	税　率	控除額
1,000万円以下	10%	－
3,000万円以下	15%	50万円
5,000万円以下	20%	200万円
1億円以下	30%	700万円
2億円以下	40%	1,700万円
3億円以下	45%	2,700万円
6億円以下	50%	4,200万円
6億円超	55%	7,200万円

また、世界には相続税のない国が多くあるが、相続税の
ない国へ移住しただけでは、そう簡単には節税できない。
　それは、日本政府が移住者に対して、相続税を取り損ね
ないように厳しいルールを導入しているからだ。

❶ 相続とは ···

　相続とは、ある人（被相続人）の死亡により起こる財産の
移動で、配偶者や血族が相続人となって遺産を引き継ぐこ
と。

　また、相続は「争族」と云われるように、一番に難しいの
は、申告手続ではない、遺産の分割だ。それは、相続人全
員が、その分割協議書に合意する必要があるからだ。

　相続税は、申告との関係で、まず、自分たちが、「どのタ
イプか」を知ることから始まる。

【申告する必要のない人】
　それは、遺産の額（課税価格の合計）が相続税の基礎控除
以下のケース。
　その基礎控除額
　＝ 3,000万円＋600万円×法定相続人の数

【申告するが納税額のない人】

　申告することにより、優遇制度が適用され、結果として納税額がゼロになるケース。その主なものは、「配偶者の税額軽減の特例」と「小規模宅地の特例」だ。

【申告して納税しなければならない人】

　上記以外の人は、申告書を作成の上、相続税を納める。

❷ 相続税の重要事項 ……………………………………

【遺産分割協議】

　遺産分割協議で一番大事なことは、自分の欲しい遺産をはっきり主張すること。なお、協議が何年伸びても、相続税の手続上で困ることはない。

　なぜなら、未分割の状態（全相続人の共同相続）でも相続税は計算できるから。なお、決着するまで10年以上かかるケースもある。

【相続放棄】

　たとえ、相続の話し合いに関与していなくても、法的な相続放棄手続を怠ると、自動的に相続を承認したことになる。

　もし、相続財産がマイナスであった場合には、その債務を弁済する責任が生じてしまう。

なお、相続の放棄は、自分が、その開始を知った時から３ヵ月の期間以内に、家庭裁判所へ申し出る。

【配偶者控除を使いすぎると二次相続で負担増に】
　配偶者には、次のような手厚い控除が用意されている。
　それは、配偶者が取得した遺産額が、次の金額のどちらか多い金額までであれば、相続税がかからない。

■ 1億6千万円
■ 配偶者の法定相続分相当額

　例えば、父、母の順番で相続が発生すると仮定すると、父が死亡したとき（一次相続）と、母が死亡したとき（二次相続）の２回にわたり相続税問題が発生する。

　そこで、配偶者控除を最大限に利用するために、一次相続で、配偶者に対して、より多くの財産を分割しようとすると、その分、配偶者本人が亡くなったときに残る財産が多くなる。
　すると、二次相続のときに、子どもにかかる相続税が重たくなってしまうことがある。

【小規模宅地等の特例】
　小規模宅地等の特例とは、亡くなった人が住んでいた土地などで、一定の要件を満たす人が相続したときに、相続

財産の評価額を最大80％も減額できる特例。

❸ 贈与税とは ···

累進課税の最高税率55％は、相続の場合、6億円超の財産から適用され、贈与の場合、その対象財産が45百万円超からとなっている。明らかに、贈与の方が不利だ。

では、なぜ、人々は贈与を利用するのか。それは、税金を払わないで済む非課税枠を利用しているからだ。

【暦年贈与】

1月1日から12月31日までの1年間に、贈与した財産を110万円まで非課税とする制度。110万円以下の場合には、申告も不要なため、広く普及している。

なお、相続開始前3年以内に贈与された財産については、すべて相続税の対象になる。

重要！ 連年贈与

　暦年贈与を同一条件で連続して行うと、計画的に分割贈与したとみなされ、合算して贈与税を課税されることがある。

　これを連年贈与又は定期贈与と云う。

【贈与税の配偶者控除】

　贈与税においても、結婚して20年以上経過した夫婦間においては、居住用財産（または居住用財産を取得するための金銭）をもらった場合は、2,000万円までは贈与税が非課税になる制度。

　この場合、財産そのものを贈与する必要はなく、夫名義の自宅を2,000万円分の共有持分にすることも可能。

【時限立法による非課税制度】

　この制度の目的は、高齢者に遍在^{へんざい}する個人資産を若い世代へ資産移転することにより、その有効利用を図ることにある。

　主なものは以下の通り。

◆　住宅取得等資金の贈与

◆　結婚・子育て資金の一括贈与

◆　教育資金の一括贈与（学校や塾や習いごとなど、学校等へ直接支払われるもの）

　君たちは、この非課税制度を、父母や祖父母などからの贈与を受けたときに利用することができる。

　また、暦年贈与との併用も可能。

7章

保険は必要か

長い人生において起こる、病気やケガ、事故、自然災害などの不測の事態を誰も予想できない。これに備えて、貯蓄という手段もあるが、自然災害などの大きな災害には対応できない。

そこで、同じ不安を抱える人々が集まり、少ない負担（保険料）と大きな保障（保険金）を共有できる「相互扶助の仕組み」を作った。それが発展したものが、現在の保険制度だ。

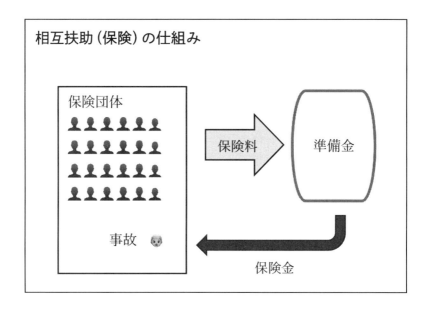

つまり『保険金×事故発生頻度＝保険料×加入者数』の関係にあるので、事故発生頻度が低いものほど、少ない保険料で、一定の保険金がカバーできる。

❶ 新しい保険 ……………………………………………

　保険は大別すると、民間の保険会社が提供する生命保険、損害保険（火災保険、自動車保険）、第3分野の保険（障害保険、疾病保険）と、

　公的機関が行う社会保険（医療保険、介護保険）からなる。

　今は、保険料が少額で、コンビニやスマホで手軽に買える保険が登場している。

◆　自転車保険

◆　1日レジャー保険

◆　1日自動車保険

◆　少額短期保険（ミニ保険）

◆　結婚式保険（式のキャンセル料）など。

　これらは、シンプルで解りやすいため、自分のニーズやリスクに合わせた、よりパーソナルな保険の選択が可能となっている。

❷ プランは自分で ……………………………………

　2020年、かんぽ生命保険と日本郵便による保険不正販売問題が明るみに。主な手口は、契約の解約・変更手続で、顧客に不利益となる契約を勧めたり、顧客に虚偽の説明をする、などであった。

　確かに、悪いのは、販売を担当した日本郵便の販売員で

あっても、それ以上に問題なのは、この不正を黙認してきた経営陣にあるかもしれない。

しかし、問題の核心は、加入者側が「商品や保証の内容を把握していない」ことにある。

なぜなら、加入者が「商品の内容」や「自分にとって必要とされる保障の内容」を把握していれば、ここまで、被害は広がらなかったにちがいない。

そこで、以下の点に注意して、自分の生活スタイルに合った保険プランを、自分で考えることが必須となる。

◆ 就職、結婚、出産、老後などのライフステージの変化に伴い、リスクの種類、補償額、対象は、変わっていくので、必要に応じて見直す。

◆ ニーズやリスクに応じて、保険の内容をシンプルにして、支払保険料を徹底的に抑える。現在の生活も大事であるので、保険料は家計にムリのない範囲にする。

◆ 勧められるままに複数の保険に入ると、補償の対象が重複している場合もある。損害保険は、実損の範囲でしか保険金は出ない。オーバーしている分はムダだ。

◆ 「掛け捨てでない」に惑わされないこと。それは、「掛け捨てでの条件」で計算した保険料に、解約返戻金の部分が、少し上乗せされているだけかもしれない。

❸ 高額療養費制度 ··

　病気やケガをしたときに頼りになるのが、すべての人が加入している公的医療保険制度。しかし、何らかの事情で加入していない家族もある。この制度のおかげで、病院の窓口で支払う自己負担割合は、基本的には３割で済む。

　しかし、入院や治療によっては、金銭的負担が大きくなることもある。

　そのため、１ヶ月の自己負担限度額が決められていて、窓口での自己負担医療費が自己負担限度額を超えると、超えた分は返してもらえる「高額療養費制度」がある。

　高額な医療費は、誰にとっても心配だが、この高額療養費制度によって、「一定限度の医療費」の負担で済むことを知っておこう。

　しかし、以下の費用などは、高額療養費制度でカバーできない。

◆ 美容整形などの審美目的の治療費
◆ 先進医療や自由診療など公的医療保険適用外の治療費
◆ 入院時の差額ベッド代や食事代
◆ 通院や入院時の交通費

　いずれにしても、民間の医療保険に加入するときには、ム

ダな契約をしないために、この高額療養費制度の存在を忘れないでほしい。

　そこで、理解を確かなものにするために例題で試してみよう。

【前提条件】
- およその月収が28万円から50万円のケース
- １か月の医療費が100万円
- 窓口で３割負担

【その場合の自己負担限度額】
　＝ 80,100 ＋（医療費 － 267,000）× １％
　＝ 80,100 ＋（1,000,000 － 267,000）× １％
　＝ 87,430

【戻ってくるお金】
　＝ 300,000 － 87,430 ＝ 212,570円

注）但し、高額な医療費が見込まれる場合には、事前に申請することで、窓口での支払を自己負担限度額までで済ませることもできる。

---

❹「4つの助」と保険との関連 ·······················

　4つの助とは、自助、互助、共助、公助。そのうち保険制度は「共助」に該当する。生活全般にわたり、不測の事態に備えるためには、保険などの共助だけでは不十分。そこで、この4つの助についても考える。

区分	内　容	財　源
自助	個人が豊かな生活を送るために努力すること。	住民一人ひとりの自費
互助	家族、近隣、友人など、個人的な信頼関係を持つ人間同士が個人や地域を豊かにするために協力すること。	費用負担の定めのない自発的な支え合い
共助	保険制度などの制度化された相互扶助システム。	費用は加入者の相互負担
公助	法律に基づき行政機関が提供するサービス。	国民の税金

　2015年、東大を卒業して大手広告会社に入社した女性社員が、月105時間の残業などにより過労自殺した。
　また、自らSNSで長時間労働を訴える内容や上司などのパワハラ・セクハラを疑わせる内容も発信していた。
　彼女にとって、社内に、心から自分をサポートしてくれ

る人がいなかったことが、一番辛かったにちがいない。

　長い人生において、一人では乗り越えられない困難に直面することは少なくない。そのときに、支えになるのが、隣人であり、友人だ。場合によっては公的支援だ。

　いずれにしても、相互扶助の精神が希薄化した社会ほど、生きづらいものはない。

　また、自助努力で疲れ切った人に、それから公助をしても効果は期待できない。

　そこで、次の主張に、疑問を持つ人は少なくない。

 ある主張

　まず自分でできることは、まず自分でやる。自分でできなくなったら、まずは家族とか地域で支えてもらう。

　そして、それでもダメであれば、それは必ず国が責任を持って守ってくれる。

　そうした信頼のある国づくりというものを行なっていきたいと思います。

　なぜなら、自助、互助、共助、公助の４つの助は、その支援内容、仕組み、財源も異なる。自助から順番に適用していくべきだとの考え方は、困っている人の現実を知らな

いからだ。

　4つの助につながる様々な支援は、柔軟に、タイムリーに、他の支援と連携し合いながら提供されてこそ、はじめて効果が上がる。

　それにより、それに費やす時間もコストも大幅に抑えられることを期待したい。

　より深く考えれば、自助・共助がスムーズに進行するための役割を担うものが公助。公助の良し悪しが相互扶助システムの成否を決定している。

　また、その国の社会保障（social security）が充実しているか否かは、「本当に困っているときに、いつでも支援が受けられる安心感」をすべての国民が抱いているか、どうかにある。

❺ 公的医療保険の将来 ·······························

　健康保険の仕組みを単純化すると以下のようになるが、実際は、保険料と税金が複雑に絡み合っているので、負担と給付の関係を理解することは難しい。

　そのため、国民などによる監視機能が失われているとも云われている。

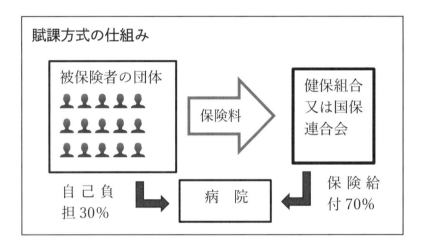

　今、健保組合の財政赤字が問題となっている。そして、薬の過剰投与なども問題ではあるが、医療費を増やしている原因は、社会全体をおおう非効率な長時間労働にあるかもしれない。

健保組合は、なぜ財政赤字か

　健保組合の支出は、医療費やその運営費のほか、高齢者医療費制度を支えるための「納付金」からなる。

　その分担金は、保険料収入のほぼ4割を占めており、健保組合にとって財政赤字の原因となっている。

　いずれにしても、「国民が過剰な医療サービスを求めない、医師が過剰な医療サービスを提供しない」とのコンセンサスを広めなければ、医療費の拡大に歯止めをかけることができないだろう。

　今後、AIやロボットなどの普及により、働く環境が大きく変わる。そこで、生活や働き方のスタイルを根本的に変革できれば、医療崩壊を防ぐことは可能と考える

8章

公的年金は大丈夫か

やがて、君たちも高齢者になる。稼ぐことが困難となった高齢者にとって公的年金は、生活費の命綱だ。

現在の支給開始年齢は65才だが、70才に引き上げられるのも時間の問題かもしれない。最悪の場合、その支給額も大幅にダウンする可能性もあり得る。

❶ 公的年金の種類 ⋯⋯⋯⋯⋯⋯⋯⋯⋯⋯⋯⋯⋯⋯⋯

公的年金は2種類。その一つが、日本に住む20才になると全員が加入を義務つけられていることから国民年金と呼ばれる年金。

2つ目は、会社員と公務員が、この国民年金に加えて加入している厚生年金だ。2階建てとなるので、国民年金のことを基礎年金とも云う。

❷ 賦課方式とは ⋯⋯⋯⋯⋯⋯⋯⋯⋯⋯⋯⋯⋯⋯⋯⋯⋯

ここで、最大の論点である「賦課方式 VS 積立方式」を正しく理解しよう。
まずは、定義から始める。

【賦課方式】とは、納付された保険料の合計を、そのときの年金受給者への支給に充てる方式。

　この賦課方式が、年金支給のために必要な財源を、その時々の保険料収入から用意する方式だとすると、2060年には、高齢者一人を現役世代1.3人が支えなければならないことになる。

年度	支えるべき人数
1960	11.2
2010	2.8
2060	1.3

　そんなことは、誰が考えても不可能なことで、これを疑問に思わない人がいることは、大変不思議なことだ。

　【積立方式】とは、各個人が納付した保険料を自分が将来受け取る年金として積み立てておく方式。

　日本では企業年金が普及しているが、年金基金の財政計算は、すべて積立方式に基づいて計算している。
　そして、これだけ大規模な年金に関する限り、ここでの定義による年金賦課方式を採用している事例は、世界中探しても、どこにもないかもしれない。

では、実際に公的年金の収支状況全体を見てみよう。

2019年3月期

項目名	金額（兆円）	割合（%）
前年度末積立金	198	
収入合計	53	
保険料収入	38	71.4
国庫・公経済負担	13	24.5
その他	2	3.8
支出合計	53	
給付費	53	
収支残	0	
運用益	3	
年度末積立金	201	

注）厚生労働省のホームページから要約

　収支残がゼロだから収入と支出がバランスしているわけではない、保険料収入が大幅に不足しているため、税金などで補填しているにすぎない。しかも、その補填額は、収入の１／４にも達している。

　この現状から推測すると「現役世代が高齢になって年金を受給する頃には、子どもなど、その下の世代が納めた保険料から自分の年金を受け取ることになります」との説明をそのまま受け入れるわけにはいかない。

もし、賦課方式なら、年金資産をプールしておく必要はない。税金による補填に優先して使うべきかもしれない。

　それでも、15年（201÷13）で使い果たすことになる。

　このことから、現在及び未来が、いかに危機的状況にあるかが理解できる。

❸ あるべき年金資産 ……………………………………

　「1.3人が高齢者一人を支える（2060年予測）」との賦課方式の考えは、内実（ないじつ）を伴わない空論（くうろん）かもしれない。

　そこで、積立方式により、2019年3月末現在で、積み立てておくべき年金資産を試算してみよう。

　ここでは、必要とするデータが得られないので、前出の「公的年金の収支状況全体」から試算する。

　その積み立てるべき年金資産は、「年金受給者に対する準備金」と「現役世代からの積立金」からなる。

【年金受給者に対する準備金】

　本来ならば、年金受給者の年齢別に「支給年金×現時点からの平均余命」を積算すれば近似値が得られる。

　ここでは、全員が65才から支給開始で、85才で死亡すると仮定する。すると、あと20年間もらえる人いれば、あと1年しかもらえない人等と様々であるので、中央値の10

191

年を平均受給期間とする。

　　年金受給者に対する準備金
　　＝ 53（給付費）× 10（年）＝ 530兆円

【現役世代からの積立金】
　　この積み立てておくべき額は、日本年金機構のシステムの中に、正確な個人別データとして存在する。しかし、そのデータは得られないので、次の仮説により試算する。

　　まず、納付期間を20歳から65歳までとし、ここでも中央値を用いて、平均納付期間を22.5年とする。

　　現役世代からの積立金
　　＝ 38（保険料収入）× 22.5（年）＝ 855兆円

　　すると、年金資産は、1,385兆円（530 ＋ 855）となる。

　　ここで、このあるべき年金資産と現在の年金資産の積立金残高を図で比較してみよう。

　　これは、かなり巨視的単純化したアプローチだが、精密に見える計算にも落とし穴がある。そこで、小学校で習う概数の考え方で試算したわけだ。

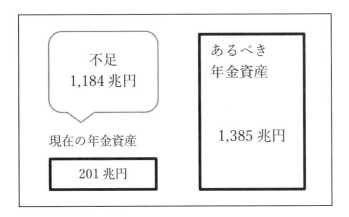

不足
1,184 兆円

あるべき
年金資産

1,385 兆円

現在の年金資産

201 兆円

❹ ミクロ的視点から ‥‥‥‥‥‥‥‥‥‥‥‥‥‥‥

　これまでは、マクロ的視点で公的年金の全体を見てきた。君たちに支給される年金額には、「高齢者一人を現役世代何人で支えるか」の前提条件は関係しない。君が月々納めた保険料とその納付期間などから、支給額は決定される。

　繰り返すが、この年金保険制度では、もらえる年金の額は、自分が支払った保険料がベースになって決まっている。

　つまり、そのときの人口構成には影響されない。その時点での財源をどうするかは別の論点となる。

　また、支給開始年令を引き上げたとして、もらえる受給総額が、納付した保険料総額を下回るような制度設計を国民は認めないだろう。

　今、ここで、年金財源の問題を明らかにして、抜本的な

手を打たなければ、いずれ、年金資産は枯渇し、財源の大半を税金で賄う事態になり、国の借金（赤字国債）が膨らみ続けることになりかねない。

9章

ベーシックインカムとは

ベーシックインカムとは、国が無条件に、お金を配る仕組み。それは、従来の生活保護、失業保険や年金とは根本的に異なる。

　なお、ベーシックとは、十分なお金ではなく、最低限の生活が送れるレベルの額を意味する。

　例えば、月７万円を全国民に支給する場合には、年間100兆円（７万円 × 12か月 × 1.2億人）もの財源が必要となる。これは、所得税や消費税などの税金によって賄うことになる。一見、不可能と考えられる、この制度が真剣に議論されている理由を確かめてみよう。

❶ なぜ、関心が持たれるのか ……………………………

　それは、人間社会の未来を深く考えると、次のことが懸念されるからだ。

【１：仕事がなくなる】

　つまり、IT、ロボット、AIなどの発展により、現在、行われている人間労働の多くが、AI・ロボットなどに置き換わっていく。その結果、一部の労働者は、職を失い収入もなくなる。

　しかし、新しい事業を創造できる人は、今、以上に社会から必要とされる。

いずれにしても、国民の生活を保障することに加え、社会が生み出した生産物を消費してもらうために、ベーシックインカムが必要とされる。

【2：社会福祉サービスの効率化のため】

　国民にマスクを配る（アベノマスク）という極めて単純な事業においても、国は混乱した。結局、国民からの「いらない」との声も反映されなかった。これに数百億円の税金が投入されたと考えると、税金の無駄遣い以外の何物でもない。

　今回のコロナ関連でも、給付金・助成金の申請において手続の非効率性が問題となった。

　そして、社会福祉の分野では、福祉サービスの業務がますます複雑になっていくことが予想される。

　そこで、面倒な手続のいらないベーシックインカムのような一律に支給する方式が効率的だとの考えが生まれた。

重要！ 社会福祉に求められる効率性と公平性

　福祉サービスの内容や申請が煩雑であったりすると、非効率化よる手続コストの増加だけでなく、公平性までも保証されない危険がある。

　これからの福祉サービスは、利用者である国民が容易に理解できるものでなければ、効率性も公平性も実現できない。

【3：個人の尊厳を守るため】

　地球的規模で考えると、現在、すべての人々の「個人の尊厳」が保証されているとは云えない。これを実現するためには、表現の自由と並んで、重要なのが「最低限の生活を保障する」ことだ。

　それは、国連や国家の役割を強化することでは実現しない。

　そのために、個人や家族、そして地域が自分たちの力で、生活できる社会の基盤・仕組みを持続可能とすることだ。

　それを基盤として、個人の尊厳を守り合える仲間の輪を広げることで可能となるにちがいない。

　国連がSDGsの一環で推進している小さな家族農業に、そのヒントがある。

身近に住む人々が勤務地が異なる関係で、バラバラに仕事をしていることが多い。しかし、家族や身近な地域を基盤に、一緒に仕事を協働した方が効果を期待できる可能性がある。

　農業を例にとれば……

◆ 今やパソコンやAIが農機具の一つになり、その利用により消費者への直売も容易になった。
◆ 小さな農業は、ムダが出ないので、最も省力化された農業になってきた。
◆ 生産者と消費者が近づくので、地域コミュニティの活性化と農作物の品質向上につながる。
◆ 軌道にのれば、高い収益性を維持することができる。
◆ 地域全体で、食料の供給体制を計画できるので、災害に強いまちづくりが可能となる。
◆ 地域で、シニアやひきこもりがちの人たちの参画を支援することにより、すべての人が住み続けられるまちづくりが可能となる。

❷ ベーシックインカム導入のメリット ················

◆ 最低限の生活が保障されるので、生活困窮者が少なく
なる。

◆ 無条件支給なので、行政事務コストの大幅な削減が可能
となる。

◆ 最低限の生活が保障されているため、新しい事業などへ
のチャレンジがしやすくなる。
また、社会全体でもイノベーションが生まれやすい。

◆ 失業保険給付と異なり、働いても減額されないので、働
く意欲が持続できる。

◆ 利益重視の働き方をする人が少なくなり、利己主義が引
き起こす過酷な競争も減少する。

❸ ベーシックインカム導入の壁 ……………………

◆ 財源の確保を増税に求めた場合に、国民の理解が得られるか。

◆ 法人税の税率を引き上げる場合には、国際間での協調が必須となる。なぜなら、何もしなければ、税率の低い国へ、本社などを移転する企業が増える。

◆ 働く意欲を減退させる。例えば、スイスでは、ベーシックインカムの導入の可否を国民投票にかけたが否決された。その理由は、働く意欲を減退させる点と財源が増税にあったからだ。

◆ 経済の仕組み、働き方、教育制度などを根本的に変革することが求められる。

Ⅲの部　完了

Ⅳの部

マネーと社会

すべての人々は、助けたり、助けられながら相互扶助システムの中で生活している。

　ここで、「マネーと社会」の関係を学ぶのは、個人の幸福を実現するためには、政治・経済のシステムが大きく影響しているからだ。自助努力には限界がある。そして、自助・互助・共助・公助がスムーズに進行する役割を担うのが公助だ。この公助の善し悪しが相互扶助システムの成否を決定している。

　個別のテーマとしては、膨れ上がる赤字国債、国の豊かさのモノサシ、子どもの相対的貧困、ハイパーインフレーションなどについて、理解を深める。

　そして、どうしたら、世界を変えることができるかを考えながら読むと、新たな発見があるにちがいない。

1章

膨れ上がる赤字国債

資金繰りがつかなくなった企業は、倒産する。同じように国や地方自治体も、借金を増やし続ければ、必ず財政破綻する。

　そして、国債（国が行う借金）には、大規模な公共事業のために発行される「建設国債」と、支出が収入を上回る場合に発行される「赤字国債」との２つがある。

 国債の発行が認められる根拠

　財政法が、国債の発行を例外的に認めているのは、次のような考えによる。

◆ 道路や港湾のような社会資本は、現在の世代だけでなく将来の世代も利用する。
　それ故、その建設費は、現在の世代だけでなく、将来の世代も共に負担すべきである。

◆ 資産の裏つけのない国債の発行を禁止することにより、財政の健全性を維持する

❶ 国債残高の現状 ……………………………………

　国債残高は、累増の一途をたどり、その勢いは弱まりそうにない。

 重要！　　**国債残高の概要**　　　　　　（2020年3月末）

　発行残高　　　　　　　　932兆円
　年間の税収（一般会計）の15年分に相当
　国民一人当たり　　　　　743万円の借金
　4人家族なら　　　　　　3,000万円の借金

　（Web　財務省　財政に関する資料）

　しかも、その残高のうち、70％が返済見込みも、資産としての裏つけもない赤字国債だ。国債が、ここまで膨れ上がったのは、国債の返済財源が税金ではなく、新たな国債の発行により借金を繰り返しているためだ。

　そこで、君たちに、以下の点をしっかり認識してほしい。
　■ 現在の財政赤字を将来世代に先送りしている。
　■ 国債の最終的な返済財源は、国民が納める税金。

❷ 赤字国債に対する発行制限 ……………………

　国債残高932兆円は、年間の税収の15年分に相当する。これを、個人に置きかえると、年収が600万円の人が、9,000万円もの借金があることになる。とっくに破綻している。

　そして、君たちは次のような疑問を持つだろう。
◆ 財政法第4条は、赤字国債の発行を禁止している。なぜ、赤字国債の無制限発行が続いているのか。
◆ 財政の健全化の番人である「財政法」では、どのように歯止めをかけているのか。

　ここで、その経緯と理由を検討する。
　思い返せば、1978年に発足した大平内閣は、「子孫に膨大な負担を残してはいけない」との視点で財政再建に取り組む。その精神は受け継がれ、1991年から1993年の3年間、赤字国債の発行実績がゼロとなることができた。

　ついに、大平首相の悲願は実現するかに思えたが、赤字国債依存からの脱却を目前に「赤字国債の歯止め装置」が外されていく。

　そこで、次の視点から、それを可能とした背景を考える。

◆ 赤字国債の現金償還の原則

◆ 国債の市中消化の原則

◆ 財政再建より、国民に人気の高い景気対策を最優先する
政治家

◆「深刻な問題でない」との考えに惑わされる国民

【1：国債の現金償還の原則】

　建設国債は、その発行限度額が公共事業費の範囲内に限
定され、赤字国債は、「現金償還の原則」によって、その発
行が抑制されていた。

　しかし、いつの間にか、満期が到来すると全額を現金で
償還する方法から、満期が到来しても現金ではなく、借り
換えで償還（借金の返済のために新たな借金をすること）
を行うことができるようになる。

　ここで、下記の「日本政府のバランスシート」を見てほし
い。純資産額がマイナス583兆円だ。負債が資産の2倍も
ある超債務超過の状態にある。

　このまま放置すれば、赤字国債を含む公債残高と債務超
過額が一方的に増え続けることが想像できる。このままで
いられるわけがない。何かの大きな自然災害が起これば、そ
れが引き金となって、日本の財政は破綻するかもしれない。

日本政府バランスシート

		2019年3月現在		（単位：兆円）
科目	金額	科目		金額
資産の部		負債の部		
流動資産	415	流動負債		14
有形固定資産	184	政府短期証券		76
出資金	76	公債		986
		借入金		32
		その他		150
		負債合計		1,258
		純資産の部		
		純資産額		▲ 583
資産合計	675	負債・純資産合計		675

【2：国債の市中消化の原則】

　2020年5月、日銀は国債保有残高が、初めて500兆円を突破したと発表した。

　とりあえず、日銀のバランスシートを見てみよう。

日本銀行バランスシート

2019年3月現在　　　　　　　　（単位：兆円）

科目	金額	科目	金額
資産の部		負債の部	
国債	486	発行銀行券	110
その他	118	預金	447
		その他	153
		負債合計	600
		純資産の部	
		純資産額	4
資産合計	604	負債・純資産合計	604

　バランスシートでは、資金を何に運用しているかを示すのが「資産の部」で、その調達原資が何であるかを示すのが「負債の部」だ。ここでは、市中銀行から集めた預金で、国債を購入していることを表している。

　この国債保有高500兆円は、日本のGDPに匹敵する規模だ。なお、2011年までは、100兆円以下に抑えられていた。

　そもそも、日銀は、財政法により、原則、国債は持てないことになっている。

　本来、国が広く国民からお金を借り入れるために発行するのが「国債」のはずだった。

重要！　国債の市中消化の原則

　日銀による国債の引受けを財政法第5条は、原則として禁止している。

　では、なぜ、中央銀行による保有が禁止されているのか。

　それは、中央銀行が、一旦、国債の引受けによって政府への資金供与を始めると、政府の財政節度が失われる。

　やがて、通貨の増発に歯止めがかからなくなり、悪性のインフレーションを引き起こす恐れがあるからだ。

　この「中央銀行による国債引受けの制度的禁止」ルールは、わが国だけでなく先進各国で採用されている。

　そこで、保有が禁止されている国債をどのような仕組みで、日銀が購入しているかを図示する。

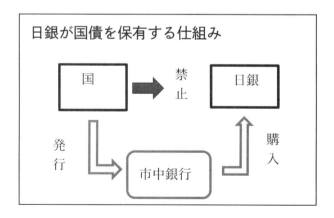

日銀が国債を保有する仕組み

【3：財政再建より景気対策】

　この赤字国債の無制限発行が「財源の裏つけのないバラマキ行政を可能とした」と言う人もいる。

　しかし、少子高齢化によって、確実に増え続ける社会保障費を赤字国債で補填し続けるわけにはいかない。

　今回のコロナ特別給付金一人10万円の財源も、赤字国債の発行につながっていく。そこで、国全体のことを考えると、この給付金は、国民一人ひとりが、一斉に銀行からお金を借りたことと、同じことだと考えられる。

　そして、財政再建を進めるためには、国民がGame changerとして、今の財政政策の流れを変えるしかない。

【4：深刻な問題ではない】

　その一つとして、政府と日銀とのバランスシートを連結すれば、「日銀の保有する資産としての国債と、政府が負債に計上している公債（国債など）とが相殺消去されるので問題がない」との意見がある。

　そこで、先に掲載した政府と日銀のバランスシートを連結して、その正否を確認しよう。

連結決算

　かつて、連結決算が普及していない頃、親会社だけの決算を良く見せるため、グループ全体の赤字や借金を子会社に隠すことができた。

　連結決算手続は、次の合算と相殺消去からなる。

◆ グループ全体の財務状況を示すために、グループ各社のバランスシートの勘定残高を「合算」する。

◆ そして、グループ間取引で生じた債権・債務などの内部取引を「相殺消去」する。

連結バランスシート

資産の部　　　　　　　　（単位：兆円）

勘定科目	合算			相殺消去		連結
	政府	日銀	合計	借方	貸方	
流動資産	415		415			415
国　債		486	486		486	**0**
有形固定資産	184		184			184
出資金	76		76			76
その他		118	118			118
資産計	675	604	1,279		486	793

負債・純資産の部 　　　（単位：兆円）

勘定科目	合算			相殺消去		連結
	政府	日銀	合計	借方	貸方	
負債の部 発行銀行券		110	110			110
預 金		**447**	**447**			**447**
流動性負債	14		14			14
政府短期証券	76		76			76
公 債	**986**		**986**	**486**		**500**
借入金	32		32			32
その他	150	43	193			193
負債計	1,258	600	1,858	486		1,372
純資産の部	▲583	4	▲579			▲579
負債・純資産計	675	604	1,279	486		793

　連結の結果から、確かに、日銀保有の国債486兆円と政府の債務である公債とが相殺消去されるので、公債残高は、486兆円が減額され、986兆円から500兆円となっている。

　しかし、連結バランスシートの負債の部に注目すると、日銀の負債であった預金447兆円が、連結上では、政府の負債として登場している。

　これを連結ベースで解釈すると、日銀が保有する国債の

購入財源である預金447兆円 (借金) が連結上では、政府の預金 (借金) として引き継がれている。

　それは、国債を発行する代わりに「政府が市中銀行から447兆円の借金をした」ことと同じことになる。

注) 負債の部に登場する「預金」は、資産ではなく借金を意味する。

❸ 債務残高の国際比較 ……………………………………

　日本の財政赤字が、いかに深刻な問題であるかを確認するために、債務残高の対GDP比を用いて、主要国との比較をする。

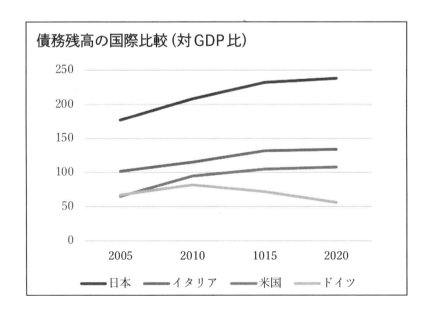

債務残高の国際比較 (対GDP比)

国　名	2005	2010	2015	2020
日本	177	208	232	238
イタリア	102	115	132	134
米国	65	95	105	108
ドイツ	67	82	72	56

出典：IMF　"World Economic Outlook"（2019年10月）

　現在、超低金利のため国債の利払費が、低く抑えられている。

　もし、金利が少しでも上昇すれば、残高1,000兆円に迫る国債では、その金利1％が10兆円にもなる。
　そんなことになると、金利を支払うために国債を発行するという雪だるま式に発行残高は膨らんでいくことになる。

2章

国の豊かさのモノサシ

街には、あらゆるモノやサービスがあふれている。お金さえあれば、手に入らないものはない。それは、GDP世界3位の実力かもしれない。

GDPとは

◆ 国内総生産　Gross Domestic Product　のこと。
◆ GDPは、企業や個人などが、国内で生み出した付加価値のすべてを集計したもの。
◆ それは、国の「経済力のモノサシ」として利用されてきた。

注) 付加価値とは、「売上により実現した収入」と、その生産のために「外部に支払った調達コスト」との差額である。

　それは、企業の内部で生み出した価値に等しい。

　また、その付加価値は、経営者、従業員、株主（配当）、国（税金）に分配される。

　しかし、日本人で経済的な豊かさを感じている人は、余りにも少ない。なぜだろう。

　それは、社会の豊かさを示す指標を、国民一人ひとりが議論し、理解していないからだ。

いずれにしても、GDPで何かを評価する時代は終わった、と感じている人は少なくない。

　そこで、3つの視点から、この課題を読み解こう。
◆ GDP一辺倒から多様な幸福感を織り込んだ指標
◆ 幸福度をアップさせる教育
◆ フローから安定したストックへ

❶ 幸福感を織り込んだ指標 ……………………………

　日本では、GDP重視の経済政策を行っているが、世界では、新しい指標である国民総幸福量（GNH）などの「包括的な豊かさ」に目を向けている。

　世界幸福Dayの2020年3月20日、国連は「世界幸福度ランキング2020」を発表した。

【1位から50位までの主な国】

順位	国　名	順位	国　名
1	フィンランド	18	アメリカ
2	デンマーク	23	フランス
3	スイス	30	イタリア
13	イギリス	31	シンガポール
17	ドイツ	32	ブラジル

【51位から100位までの主な国】

順位	国 名	順位	国 名
52	フィリピン	**62**	**日本**
54	タイ	63	ペルー
55	アルゼンチン	73	ロシア
59	ポルトガル	77	ギリシャ
61	韓国	78	ポルトガル

　これは、ブータン王国が提唱した国民総幸福度の考えをベースに実現したものだ。上記のランキングの得点は、以下の項目をポイント化して計算されている。

◆ 人口一人当たりのGDP

◆ 社会保障制度などの社会的支援

◆ 健康な平均寿命

◆ 人生を選択する自由

◆ 他者への寛容さ

◆ 国への信頼度（腐敗を感じる程度）

　これらの項目を知ると、調査対象国156ヵ国の中で、なぜ、日本が62位であるのかが納得できる。そして、今の生きづらさを加味すると、日本が2018年の54位から3年連続して順位を下げていることも心配だ。

　さらに、報告書を項目別に見ると、日本が他の国に比べて「他者への寛容さ」が著しく低いことに驚かされる。この

他者への寛容さが世界レベルの水準に近づけば「生きづらい社会」からの脱皮が可能なだけでなく、ランクのアップも期待できるはずだ。

❷ 幸福度をアップさせる教育 ·······················

縄文時代のような伝統社会であれ、現代社会であれ、子どもが安心して育つための仕組みが不可欠だ。

この教育に政策の重点を移行したのが、世界幸福度ランキング1位のフィンランドだ。

フィンランドにおける教育の特徴は、なんといっても、義務教育も高等教育も無料であること。保育園に限り、保護者の収入に応じた利用料を払う必要があるが、プレスクールから大学・大学院までは学費がかからない。

では、どのような考えでフィンランドは教育費を無料にしているのか。

1968年、大胆な教育改革から始まる。小国フィンランドは、激動する国際社会の中で、どう生き抜くのか、どう国民の幸福を実現していくのかを議論して、すべての国民の合意のもと、次の方針を決定する。

◆ 持てる資源のなかで、重点的に教育に投資する。

◆ 男女、家族の背景、財力は関係なく、すべての人に教育の機会を与える。

◆ 社会福祉の原資は税金にあるので、将来の高額納税者を育てる。

❸ フローから安定したストックへ ·····················

　企業経営には、バランスシート重視の経営と、短期的な利益を追い求める利益重視の経営がある。

　バランスシート、すなわちストック重視の経営者は、企業の存続を最大目標にして、できるだけ長い期間にわたって、じっくりと成長してゆくような経営戦略をとる。
　それは、創業一族とその従業員の生活を確保することを第一とする「日本的経営」と云われるものに近い。

　現在の先の読めない激動する時代では、目先の利益のために人間を消耗させる経営よりも、ストックを重視して、アイデアとチームワークで悠然と行動する方が生き残る確率は格段に高い。
　それは、企業だけでなく、国や個人についても云える。

　例えば、国を豊かにするためのストックは、以下のようになる。

区　分	資源の内容
自然資源	農耕地、海洋資源、森林、水など
人間資源 文化資源	探求心を持った人間、 アート思考ができる人間など
インフラ	道路、橋、河川、学校、病院、公園 電気・水道・通信施設、港湾、空港
社会制度や テクノロジー	優れた教育システム、法律制度、取引慣行、 国家や企業の仕組み、 インターネットを活用した新ビジネス、 AIドクターやAIと融合した農業など

　今、地球温暖化や海洋プラスチック問題などにより、自然環境は危機的状況にあり、人類の生存すらも脅かしている。

　私たちは戦争も望まないが、それと同じように、貪欲な資本主義がもたらす愚かで、ムダな競争も望まない。

　国民は、GDPなどのフローを重視する国家経営ではなく、人間と自然資源などを大切にするストック重視の持続可能な生活を望んでいる。

3章

子どもの相対的貧困

世界では、子どもの相対的貧困が問題になっている。

そして、日本でも、7人に一人の子どもが相対的貧困と云われている。その背景には、経済格差の拡大が横たわっている。

まず、相対的貧困とは何かを考え、その判定基準も理解する。

そして、格差社会に負けないために、子どもの相対的貧困が生まれる原因を深く考える。

❶ 相対的貧困とは ……………………………………………

相対的貧困を一言でいうと、その社会で「あたりまえ」の生活ができない状態を意味する。

また、それは、国により大きく異なるため、その国の標準的な文化水準や生活水準と比較して貧困であるか否かが決まる。つまり、数10年も前の生活水準や最貧困国との比較は何の意味もない。

相対的貧困の子どもは、ただ単にお金がないということ以上に、次のような問題も抱えている。

◆ 小遣いとして使えるお金がないと、友達として仲間に加わることができにくい。その結果、人とつき合うためのノウハウや友達が得られない。

◆ たとえ、成績が優秀であっても、経済的な理由で大学進学などの夢をあきらめざるを得ない。

◆ 家計を支えるため、アルバイトをしなければならない場合、学業に専念できない。これによる社会の経済的損失は、決して少なくない。

❷ どのように判定するのか ……………………………

それを判断するための「相対的貧困ライン」は、世帯当たりの年間所得を使って計算される。

では、例題で試してみよう。

〈例題〉

可処分所得が240万円で、4人家族（両親と子ども2人）の子どもは、貧困世帯となるか。

注）可処分所得とは、年間総所得から税金や社会保険料を差し引いた所得。

【1：中央値と比較する】

　そのポイントは、平均値との比較ではなく、中央値と比較する。

　所得分布のケースでは、一部の超富裕層が平均値を押し上げるため、実感とかけ離れた数値になってしまう。

　そこで【相対的貧困とみなされる子ども】は、「中央に位置する所得（中央値）の半分未満」で生活している子どもとなる。

 中央値とは

　中央値は、データを大きい順に並べて「真ん中」に位置する値のこと。
　一方、平均値は、データの総和を「データの個数」で割った値のこと。

注）年収や資産などのお金についてのデータでは、平均値が中央値より高くなるのがほとんど。

【2：世帯人数に平方根を採用】

　まず、貧困ラインと比較するために、4人家族での可処分所得240万円を世帯1人当たりに換算する。

1人世帯に換算した場合の可処分所得

= 家族全体の可処分所得 ÷ 世帯人数の平方根

= 240万円 ÷ √4 = 120万円

 世帯人数に、平方根（√）を採用する理由

　どこの国でも生活の基本単位は個人ではなく、家族である。

　その家族の構成人数は、1人世帯、2人世帯、3人世帯……と多様だ。単純に、世帯所得を家族の構成人数で割り算すると、結果として、おかしな数値になる。

　そこで、世帯人数を「整数」ではなく、「世帯人数の平方根」で割り算している。

　なお、この平方根は、とても不思議な数で、この本の縦横比も「√2 対 1」だ。そして、何回も2つ折りを重ねても、その縦横比は不変。

　そこで、その国での「1世帯当たりの可処分所得の中央値」さえ示されれば、ある世帯が相対的貧困世帯であるか否かを判断できる。

　今、1世帯当たり可処分所得の中央値を250万円と仮定

すると、中央値の半分は125万円となり、これが貧困ラインとなる。例題のケースは、下図の通り、貧困世帯となる。

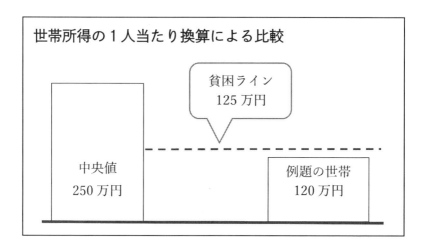

世帯所得の１人当たり換算による比較

貧困ライン
125万円

中央値
250万円

例題の世帯
120万円

❸ 子どもの貧困は、なぜ生まれるのか ……………

　子どもの貧困は、親の貧困。それは、すべて格差社会から起きている。それは、経済的格差にとどまらず、学力格差、人間性の格差などの複合と考える。

【経済的格差】

　子どもの貧困をこのまま放置すれば、社会が被る経済的損失や国の財政負担が増加して、社会そのものが貧困化すると危惧する人もいる。

　どこの国であれ、貧困層が多すぎると、経済の活力が弱く、それが足かせとなって、全体としての改善は進まない。

しかし、その国での中央値未満の貧困所得層をなくせば、国全体としての活力が生まれ、経済の好循環により、国民は、豊かさを実感できるようになると考える。

　ここでの格差の是正とは、所得の形式的平等を目指すことではない、当たり前の生活ができない人（所得が中央値の半分未満）を無くす仕組みを創ることだ。

【学力格差】

　2015年4月、生活困窮者自立支援法が施行され、その一環として、貧困の連鎖を防止するため、各自治体は、一人親家族、生活保護世帯、生活困窮世帯の子どもに対して、学習支援を行っている。その目的は、学力格差を防ぐことにより「貧困の連鎖」を断ち切ることにある。

　その支援内容は、各自治体の創意工夫により、基礎学力の向上のみでなく、生活支援や進路相談、ソーシャルスキルの獲得 など、多様化している。

　支援活動に参加してみて、子どもたちが以下の支援を求めているように感じた。

◆ やがて、活躍の舞台が学校から社会に移動する。そこで、今の段階から、社会の仕組みなどを知識としてではなく、実践的な知恵として、社会経験の豊富な支援員から学習したい。

◆ 物事を深く学ぶためのノウハウやそのアプローチ方法

を指導してほしい。問題集など、与えられたものだけを
こなす勉強法だけでは、本当の学力が得られないから。
◆ グローバル化が進む状況で、文法中心の難しい受験英語
ではなく、誰でもが使えるシンプルで実践的な英語を学
習したい。なお、英語への関心が高いのは、「インター
ネットで得られる情報は、日本語で書かれたモノより、
英語で書かれたモノの方が圧倒的に多い」ことを感じ
ているから。
◆ これからは、ITやAIなどを使いこなすことができなけ
れば、素晴らしい能力があっても、それが発揮できない
可能性もある。未来社会は、あらゆる仕事が人間とAI
の協働作業になるからだ。そこで、ITにも理解のある支
援員の存在が重要となる。

【人間性の格差】
　Bigな成功者には、子ども時代に貧困であった人もいる。
それらの成功者に共通しているのは、磨かれた人間性の素
晴らしさだ。
　人生の勝敗を決するのは、財産や学歴ではなく、その人
が発する人間性にあると考える。

　君の人生を豊かにする宝は、君自身の中にある。それは、
自分らしく生きたときにこそ、発揮されるものだ。

4章

ハイパーインフレーション

モノやサービスの価格は、常に変動している。それが自然だ。

コロナウイルスの影響で、マスクの需要が急上昇したため、一時期、マスクの小売価格が急騰した。これは、インフレとは云わない。

また、近所のスーパーでの特売日にアイスの価格が、いつもの半額であった。これもデフレとは云わない。

では、インフレとは何か。

誰も望まないにもかかわらず、物価の上昇が経済全体で連鎖的に起こる現象を云う。そして、これをチャンス到来とばかりに、大儲けをする人も存在する。

また、デフレとは何か。

誰もが不安に感じているにもかかわらず、物価の下落を基調として、企業の売上の減少、給与水準の低下などが、経済全体で連鎖的に起こること。

これは、「負のスパイラル」と呼ばれ、経済は疲弊し、未来への希望さえも失われ、やがて国が亡ぶこともある。

❶ お金が紙クズに変わる日 ……………………………

インフレにより、「モノの値段が上がる」と云うことは「お金の価値が相対的に下がる」ことを意味する。

そして、このインフレが猛烈な勢いで進むことを「ハイパーインフレーション」と云う。

このハイパーインフレーションが日本で実際に起これば、1万円札も、ただの紙切れ同然となる。

このハイパーインフレーションに襲われた国は、決して少なくない。明日は我が身の思いで、最近の事例を見てみよう。

2017年、ジンバブエ(アフリカ南部の国)で軍のクーデターにより37年にわたり実権を握り続けた独裁政権が崩壊した。その時、歓喜した人々は街にあふれた。

だが、希望は打ち砕かれ、日々の食事もままならなくなった。それは、深刻なハイパーインフレに襲われていたからだ。

もともと、ジンバブエという国は、「アフリカの穀物庫」と呼ばれ、インフレとは無縁であった。そして、政治の実権は、少数派の白人が握っていた。

国に紛争が起こり、1980年にジンバブエ共和国が成立。それから黒人大統領による過酷な独裁政権が始まる。

そんな中で、経済混乱のきっかけとなったのは、次の2つの政策にあった。

◆ 「植民地時代に強奪された白人の土地資産を黒人へと無償かつ強制的に権限を委譲しなさい」という法案が成立。多くの白人は外国へ出て行ってしまう。これにより、白人地主が持っていた農業技術などが失われ、農作物の生産能力が低下する。

◆ 外資系企業に対して、「保有株式の過半数を譲渡するように、逆らったら逮捕」との法案が成立。これにより外資系企業は撤退し、経済全体が衰退して行く。

ついに、財政難に陥った政府は、お金がなければ作ればいいと、お札を印刷し続ける。

その結果、物資不足、食糧不足で、ただひたすら物の値段は上がり続け…………

そんな中、天文学的な額面の「ジンバブエドル札」が量産され、それも紙クズ同然になる。

❷ バブルとの違い

　日本には、1985年から1991年にかけて発生した「バブ
ル」と呼ばれる熱狂的な好景気時代が存在する。

　目の前で起こる資産価格の異常な値上がりに、人々の価
値観が狂い始めた。多くの企業が「財テク」に熱中し、本業
から離れた不動産投資に乗り出した。
　一方、資産のない者は、一生働いてもマイホームなどは
手に入らない状況が生じかけていた。

　しかし、幸いなことに、このバブルは終わった。バブル
に踊らされて、ぜいたくに酔いしれた人々の中には、バブ
ルの後遺症に苦しんだ人は少なくない。
　このバブルの主な要因は、ブレーキをかけるべき銀行が
積極的に融資を拡大したことだが、それ以上に、我も我も

と投機熱に狂った人々の数があまりにも多かったことだ。

❸ ハイパーインフレは日本でも起こるか ……………

気候変動や海洋汚染問題に加え、大震災の発生が迫る日本。

そのとき、食料不足や物資不足などが長引くなか、政権が有効な政治・経済対策などが打ち出せなければ、日本でもハイパーインフレーションが起こる可能性はある。

特に、コロナ対策を口実に、際限なく赤字国債を発行し続ければ、ジンバブエの二の舞になりかねない。

財政出動は、追い詰められて苦し紛れに行うものではない。明確なビジョンを国民に示し、国民全体の理解と協力のもとに行うべきだ。

5章

政治・経済に対する関心が世界を変える

「富める者は、ますます富み、貧しきものは、ますます貧しくなる」のが、資本主義経済の競争原理と考える人もいる。果たしてそうであろうか。

　もしかすると、貧困は、国民が、政治や経済に対する関心が低い国で起こっている社会現象かもしれない。

　それ故（ゆえ）に、「国民の意識の高い国は、ますます豊かになり、政治・経済に対する関心の低い国は、ますます貧困になる」と考える。

❶ 格差社会は、どこへ行く ·······················

　そこで多くの国では、社会福祉政策や教育費の無償化などにより経済格差に対する一定の歯止めをかけている。

　しかし、財政難などを理由に、社会福祉が縮小されると、格差は広がり、貧困層が増える可能性が高まる。

　そのまま放置すると、国民の労働力の質は低下の一途をたどり、やがて国際競争力も失う。悲しいかな、かつての経済大国が、貧困国になるかもしれないのだ。

　いずれにしても、どんな経済対策よりも、国民が政治や経済に関心を持つことが、貧困化の抑制につながる。そこで、君たちに、もっと政治・経済に関心をもってほしい。

❷ 富裕層は格差をどう見ているか ……………………

　では、富裕層は、経済格差をどのように見ているのか。その中には「私たち富裕層が富めば、他の人々にも富が浸透する」と考える人がいる。

　そして、問題なのは、貧困層が豊かになることは、経済にとって、マイナスだと考え、給料の値上げや働く環境の改善に反対することだ。特に賃金水準の引き上げは、コストが膨らみ国際競争力を失うと考える人もいる。

　一つ言えることは、その国の貧困層が増えれば、企業の売上が伸びないだけでなく、すべての経済活動で活力を失い、それに伴う経済格差の拡大が、最終的には自滅につながるということだ。

❸ 自動車王フォードに学ぶ ……………………………

　ここで、賃金の引き上げが本当に、企業の利益を圧迫して、経済の悪循環をもたらすのかを検討しよう。

　1900年頃の欧米では、自動車は、大金持ちの注文により作られるのが普通で、性能と美しさを競う「超ぜいたく品」であった。そんな中、フォードは、誰でも買える「大衆車」の生産を目指した。それは、彼が農家出身で、「内燃機関で動く馬なし車（トラクター）」を作ることが彼の夢で

あったからだ。

　それは、「ベルトコンベヤーを使った大量生産システム」の開発により実現した。それまで、12時間かかっていた1台当たりの製造時間が1時間半に短縮できた。そして、自動車の値段はどんどん下がり、1924年には、T型の値段は290ドルまで下がった。

　そんな中、1914年、自動車工が自分たちの作る車が買えるように、賃金の倍増計画を導入した。

　それは、当時、貧しく搾取されていた自動車工たちを中流階級に成長させることにあった。

　フォードは直感していた。

　賃金の上昇や雇用の増加により、十分な給料をもらっている人なら、自動車工などの普通の労働者であっても、このフォード車を誰でも買えるようになる。そうなれば、企業の生産量や売上が伸び、利益も増える。

　この景気の好循環を実現するためには、労働者であると同時に、消費者でもある国民を豊かにすることにこそ、フォード自動車を含めた経済の持続的な発展が可能と考えていた。

重要! 効果的な購買意欲の創出

　企業も労働者も需要者であると同時に供給者の役割を担っている。

　経済全体として、供給量を増やすためには、効果的な需要量を増やさなければならない。

　そして、その需要量を増やすためには、雇用と賃金を増やすことにより、景気の好循環を実現することが不可欠となる。

❹ 教育投資の目的は何か ·······························

　税金は何のために使うのか。それは、国民の生活を豊かにするために使うものだ。教育への投資こそ、国民の幸福だけでなく、職業スキルのアップにも貢献する最も効果の高い税金の使い道だ。

　なお、北欧の国々では、将来の高額納税者を育成する目的で、教育に力を入れているようだ。

　日本において、現在の税収不足を解決するための方策が思い浮かばないならば、未来を信じて教育への投資を真剣に考えるべきときかもしれない。

❺ 米百俵と教育への思い ………………………………

　戊辰戦争に敗れ、長岡 (新潟県) の人たちの暮らしは、その日の食事にも事欠くありさまだった。そんな中、その窮状を見兼ねて、支藩から米百俵が送られてきた。

　「米を分けろ」と詰め寄る藩士らを前に、「常在戦場」と書かれた掛け軸を背にして、小林虎三郎が教育への思いを熱く語る…。

　「この米を、一日か二日で食いつぶして、あとに何が残るのだ。……

　この百俵の米をもとにして、学校をたてたいのだ。……

　その日ぐらしでは、長岡は立ちあがれないぞ。あたらしい日本はうまれないぞ。……」

　　　　　　　　　　　（山本有三の戯曲「米百俵」より）。

　この偉業を実現させたもの、それは、小林虎三郎が、藩士だけではなく、百姓などの領民までも……一人も残らず、心から納得するまで、辛抱強く語り続けたからだ。

　君たちの望む豊かな社会は、世論の分断からは実現しない。そのための行動は、多様性を調和できる「真の対話原理」に基づく。

Ⅳの部　完了

あとがきに代えて

　詩　ダッカ・テロ

2016年　7月1日　首都ダッカ
外国人に人気のあるレストランで
"アッラーフ　アクバル"との叫びで　暗黒は開かれ
日本人7名の死を含む多くの死傷者で　幕は閉じた

報道は伝える
なぜ　日本人が狙われたのか
　　周辺国への軍事的脅威や派兵を自制してきた
　　　　　　　　　　　平和主義の国　日本
　　その何10年の積み重ねを世界は知っていた

　　2015年9月17日　　参議院特別委員会
　　　　　　　　　　集団的自衛権の行使をめぐり
　　議長を囲む「かまくら」が大きく映し出された瞬間
　　　　　　　　　　平和憲法9条の解釈は転換した
　　日本人は　非国連の有志国連合の
　　　　　　　　　一員(十字軍の諸国民)として
　　ISの殺害対象となったのだ

青年は自問する

なぜ　普通の若者がテロリストになったのか

　　将来性のある若者にのしかかる　重い閉塞感

　　貧困から抜け出すことを拒む　格差社会

　　人を殺すことを許容する　宗教の存在

青年は思索する

なぜ　こんな社会になったのか

動物の世界では

　　それぞれが利己的に行動しても

　　調和が保たれる自然の仕組みが機能している

人間の世界では

　　その利己的行動の集団力の影響が大きすぎるため

　　振幅が激しく　平和の時期もあったが

　　　　　　　　　　戦争が繰り返されてきた

　　今　人間の節度は脆弱化し

　　巨大なモンスターが地球を支配しつつある

　　権力者さえも操縦不能

そのモンスターとは
　国家すらも凌駕する
　　　　　　　　資本の論理を貫く　多国籍企業集団
　世界を瞬時に激変させる　　　　貪欲な巨大マネー
　抑止力を隠れ蓑に　　　　　　　延命を図る核兵器
　米国のイラン核施設攻撃で知る
　　　　　　　　絶大な破壊力を持つサイバーテロ
　人工知能で進化する　　　　　　非情なロボット兵士

青年は希求する
人類は　成長神話を捨て　生命の故郷に帰還し
その第一歩として　次のことに取り組むだろう

　マイノリティを抑える「多数決原理」でなく
　「真の対話原理」で多様性を調和できる社会

　社会の富の生産は
　　人間と人工知能との協働
　　人間は　創造的な分野で活躍し
　　ルーチン化できる労働は　人工知能が担う

社会の富の分配は

　ベーシックインカムなども導入され

　生活の基本となる衣食住を

　その地域・生活様式に合わせて保障

長時間労働から解放された人類は

　文化・教育の分野で

　人間性を育み　生きることが喜びとなる

政治の分野では

　一人一人が政治的信条を持ち

　民意が確実に反映される社会を

　実現するにちがいない

注）この詩は、事件が報道されたとき、生命（いのち）の重みに対する危機意識から生まれた。それは、私の二女が、JICA（ジャイカ／独立行政法人国際協力機構）の関連で、2012年6月からバングラデシュで活動していたからだ。

　また、事件の舞台となったレストランも、たびたび利用していたようだ。テロ事件の起きた日の8ヵ月前に帰国していたため難（なん）を逃れた。

用語解説

ここで、本文中の「＊の付いた用語」について解説している。

● 法人 （Ⅰの部１章、Ⅲ部６章）

　人間すなわち自然人には、生まれながらにして法律上の権利能力が認められている。

　もし、会社やNPO法人などに法人格が与えられなかったら大変不便なことになる。そこで、法律の規定により認められたので、その団体を「法人」と云う。

● バランスシート、資産、負債 （Ⅰの部３章）

　企業だけでなく、個人も政府もすべての経済活動の主体は、バランスシートの作成が可能。そして、バランスシートは次のように３つのパーツから成り立っている。資産＝負債＋資本の関係式が常に成り立つので、バランスシートと呼ばれる。

バランスシート

資産	負債
	資本

資産は現金預金、商品、建物などからなる財産、負債は借入金、未払金などの債務、資本は「株主からの出資金」と「儲けた利益の累計」からなる。

● 給与ファクタリング　（Ⅱの部6章）

金融業者が個人の給与債権を買い取り、現金を渡す金融サービス。安易に利用するとヤミ金融業者に高い手数料を絞り取られることになる。

● GDP　（Ⅲの部3章）

Ⅳ部2章で解説している。

● アッラーフ　アクバル　（あとがきに代えて）

訳すと「神は最も偉大である」となる。ここでの神は、ユダヤ教、キリスト教、イスラム教の共通の唯一絶対神を指す。

● かまくら　（あとがきに代えて）

雪国秋田で小正月に作られるカマド型の雪室。ここでは、国会で強行採決をするために、野党議員から議長席を守るための与党議員の人間バリケードのこと。

以上

▶ 著者紹介 ⋯⋯⋯⋯⋯⋯⋯⋯⋯⋯⋯⋯⋯⋯⋯⋯⋯⋯⋯⋯⋯⋯⋯⋯⋯

楠山 正典 （くすやま まさのり）

1951年生まれ。

　公認会計士としての豊富な指
導経験を活かし、現在、地域の
子どもの学習支援などを体験しながら、子どもが感動する
実用書の執筆活動に専念している。

　そのエッセンスは、物事をより深く理解することにより、
自分に自信を持って生きていける力をつけることにある。

（略 歴）

1976年　公認会計士試験に合格し、監査法人トーマツに入所。

1992年　パートナーに就任し、多くの上場会社などの監査責
任者を担当する（2012年退職）。

2009年から2年間　日本公認会計士協会（自主規制・業務本
部）の主査レビューアーとして、監査法人などの監査業務を指
導する。

2020年　日本公認会計士協会を退会する。

（著書）

「ここから始まる算数の世界」2020年

「ここから始まる仕事の世界」執筆中

ここから始まるマネーの世界

2021 年 8 月 26 日　第 1 刷発行

著　者　　楠山正典
発行者　　日本橋出版
　　　　　〒 103-0023　東京都中央区日本橋本町 2-3-15
　　　　　共同ビル新本町 5 階
　　　　　電話：03-6273-2638
　　　　　URL：https://nihonbashi-pub.co.jp/
発売元　　星雲社（共同出版社・流通責任出版社）
　　　　　〒 112-0005　東京都文京区水道 1-3-30
　　　　　電話：03-3868-3275
ⓒ Masanori Kusuyama Printed in Japan
ISBN978-4-434-29216-3　C0033